SOUVENIRS

DU

Chevalier de Villebresme

MOUSQUETAIRE DE LA GARDE DU ROI

1772-1816

———

GUERRE D'AMÉRIQUE — ÉMIGRATION

———

Publiés pour la première fois

Par le Vicomte MAURICE DE VILLEBRESME

BERGER-LEVRAULT ET Cie, ÉDITEURS

PARIS | NANCY
5, RUE DES BEAUX-ARTS | 18, RUE DES GLACIS
1897

SOUVENIRS

DU

CHEVALIER DE VILLEBRESME

NANCY, IMPRIMERIE BERGER-LEVRAULT ET Cⁱᵉ.

CHEVALIER DE VILLEBRESME.

BERGER-LEVRAULT ET Cᵢₑ, ÉDITEURS

SOUVENIRS

DU

Chevalier de Villebresme

MOUSQUETAIRE DE LA GARDE DU ROI

1772-1816

———

GUERRE D'AMÉRIQUE — ÉMIGRATION

———

Publiés pour la première fois

Par le Vicomte MAURICE DE VILLEBRESME

BERGER-LEVRAULT ET Cie, ÉDITEURS

PARIS | NANCY

5, RUE DES BEAUX-ARTS | 18, RUE DES GLACIS

1897

AVANT-PROPOS

———

C'est le lundi de Pâques. Il pleut, et je goûte la joie de quelques heures de repos et de silence dans mes livres, affranchi de
la tyrannie des journaux à lire et de l'article à faire.

Justement, voici sur ma table les *Souvenirs du Chevalier de
Villebresme*, pour lesquels son petit-neveu, qui les a pieuse-
ment recueillis, m'a fait l'honneur de me demander une préface. Je les ouvre avec défiance et — je l'avoue à ma honte —
avec l'appréhension de n'en pas sortir aisément..... Deux cents
pages de grand format, en petits caractères !..... Et voici que
c'est fait, et que je suis ravi, et qu'il me semble que nul emploi du lundi de Pâques n'eût pu m'être ni plus agréable ni plus
sain.

Dans sa préface des *Trois Mousquetaires*, Alexandre Dumas
raconte comment, au cours de ses recherches à la Bibliothèque
royale pour une histoire de Louis XIV, il découvrit par hasard les *Mémoires de M. d'Artagnan*, qu'il dévora et qui servirent à la charpente de son livre immortel.

J'ai dû éprouver, à la lecture des *Souvenirs du Chevalier de
Villebresme*, quelque chose de semblable à ce que ressentit
Alexandre Dumas à la découverte des *Mémoires* de son héros.
Il faudrait, en effet, avoir l'esprit et le cœur fermés à tout
sentiment chevaleresque pour ne pas être subjugué par ces
pages dans lesquelles un mousquetaire de Louis XV et de

Louis XVI, devenu marin et un peu corsaire, raconte son histoire, qui, de ci de là, tient de l'épopée.

Ce n'est pas mon rôle d'apprécier les événements à travers
lesquels s'est déroulée la vie du chevalier de Villebresme, ni
d'analyser les caractères des personnages mêlés à ses récits;
mais je puis dire combien cette lecture de Mémoires écrits sans
prétention, dans un style simple et clair de soldat, avec le seul
souci de la vérité, est de nature à reposer l'esprit des lectures
puériles dont fourmille la littérature contemporaine. L'imagi-
nation ne joue ici aucun rôle; c'est un coin d'histoire d'un
temps déjà lointain, mais quel temps et quelle histoire!... Les
sceptiques peuvent railler cette vie d'aventures et d'imprévu,
moins fertile en coups de Bourse qu'en coups d'épée. Ils ne
nous empêcheront pas de la préférer au positivisme desséchant
de cette fin de siècle.

A propos de cette préface, j'ai rappelé celle des *Trois Mousquetaires*. Ceux qui ont lu le livre de Dumas feront sans doute,
en lisant les *Souvenirs du Chevalier de Villebresme*, plus d'un
rapprochement entre le roman et l'histoire. C'est qu'en effet
la vie des hommes de guerre, à cette époque, offre plus d'un
trait commun, et si leur histoire varie au gré des événements,
leurs actes portent l'empreinte des mêmes traditions, des
mêmes respects, tous révèlent la même noble insouciance du
danger, le même souci du point d'honneur.

Mais les *Souvenirs du Chevalier de Villebresme* n'évoquent
pas seulement — les histoires galantes en moins — l'ombre
lointaine des héros de Dumas. Par la relation technique qu'ils
donnent de nos batailles navales avec l'Angleterre, à l'une des-
quelles le chevalier de Villebresme prend part en casaque de
mousquetaire, ils font songer aux exploits de Duguay-Trouin
et de Surcouf.

C'est ce mélange de mousquetaire et de marin, non dans la

personnalité d'un guerrier illustre, mais dans le rôle plutôt effacé d'un personnage de second plan, que j'aime dans notre héros. Son histoire est certainement — et c'est par là que ses Mémoires constituent un document précieux — celle de la plupart de ces fils de la vieille noblesse qui, au prix de leur sang gaiement offert, firent à la nation française la réputation de courage et de vaillance qu'un siècle entier de révolution n'a pu complètement détruire.

. Mais, hélas! l'œuvre fatale avance, et le moment semble proche où sera accomplie la parole fameuse : « Les temps héroïques sont passés! »

Il en est qui se demandent s'il faut s'en louer ou en gémir?... Je laisse répondre à cette question un des princes de la critique moderne, un écrivain qui ne passe pas pour rétrograde et qui, scrutant l'état d'âme de la France, avouait dernièrement avec tristesse que, depuis qu'elle a cessé d'être... mousquetaire, il n'y a presque plus de plaisir à être Français.

Comme ce mot d'un homme d'esprit venge bien le vieux temps des dédains de milliers d'ignorants et d'imbéciles!

Au seuil de cet ouvrage, tout imprégné de foi et de fidélité monarchiques, il me plaît, complétant la pensée de M. Jules Lemaître, de constater que la France s'ennuie depuis qu'elle a rompu avec ses traditions séculaires, avec son vieux passé de gloire. Il y aura peut-être encore, dans l'avenir, du plaisir à être Français; mais il faudra, pour cela, que nous nous rapprochions des mousquetaires et que nous nous éloignions des panamistes.

Avril 1897.

F. BAZIN.

SOUVENIRS

DU

CHEVALIER DE VILLEBRESME

CHAPITRE Ier

MA JEUNESSE — LES MOUSQUETAIRES

Parvenu à un âge avancé[1] et resté presque seul de ma génération, je me décide à mettre en ordre les notes écrites au jour le
jour pendant ma vie. Je laisserai de côté dans ce récit tout ce qui
n'a pas rapport à mes souvenirs militaires; il intéressera, je l'espère,
mes neveux, car, à notre époque, on a déjà oublié les commence-
ments du règne du malheureux Louis XVI et ce qu'il a fait pour
effacer les désastres de la guerre de Sept ans. La période révolutionnaire attire seule l'attention; on frémit au souvenir des hor-
reurs qui ont ensanglanté la France sous le masque trompeur de
la liberté, on s'enorgueillit des triomphes des armées républicaines, mais qui songe aux douceurs de la vie sous le sceptre pater-
nel du meilleur des rois, aux lauriers cueillis par les d'Orvilliers,
les Suffren, les Lamotte-Picquet, les Bouillé, etc.? Et cependant,
sans les réformes et les soins apportés à notre organisation militaire par Louis XVI, l'Angleterre serait restée maîtresse incon-
testée des mers, au lieu de signer un traité qui abaissait son

---

1. Le chevalier de Villebresme est né le 19 octobre 1755, et mort le 23 mai 1849.

orgueil, mettait la France au premier rang des nations et brisait les fers de l'Amérique....

On l'a bien vu quand nos escadres désorganisées par les décrets de la Convention et privées des officiers du grand corps par les persécutions des sans-culottes, éprouvèrent des désastres qu'on cherche aujourd'hui par esprit de parti à glorifier, mais qui, s'ils ne blessaient pas notre cœur de Français, ne seraient que ridicules par suite de l'incurie des nouveaux officiers. On m'objectera que les armées républicaines ont vaincu l'Europe ; mais il ne faut pas perdre de vue que sur terre on a moins besoin que sur mer de chefs expérimentés, de tacticiens habiles ; du reste, les vainqueurs de Valmy, de Jemmapes, etc., avaient tous fait partie de l'armée royale, où ils occupaient des grades élevés : tels Kellermann, le marquis de Lafayette, le comte de Rochambeau, le baron de Luckner, le comte de Custine, Dumouriez, le marquis de Montesquiou, le duc de Biron, le vicomte de Beauharnais, Dubois-Crancé même, mon ancien camarade aux mousquetaires et le seul qui ait déshonoré notre uniforme en trahissant son Roi ! Une suite continuelle de guerres forma les jeunes généraux et les troupes invincibles qui s'illustrèrent ensuite sur tous les champs de bataille de l'Europe, mais ne s'improvisèrent pas en un jour d'enthousiasme, ainsi qu'on voudrait nous le faire croire. La légende des volontaires de 92 cessera quand nos passions politiques seront moins violentes.

Mon père, né en 1696, avait épousé en 1722 Mlle Marthe de Charnay, qui mourut en 1728 ; les enfants nés de ce mariage ne tardèrent pas à succomber aussi, et mon père, accablé par ces pertes cruelles, vivait très retiré, uniquement occupé des devoirs de ses charges de lieutenant-général du Dunois et de conseiller-secrétaire du Roi, Maison et Couronne de France.

Voyant que son nom allait s'éteindre avec lui, mon père se remaria en 1752 avec Mlle Marguerite Recoquillé de Bainville, fille du premier exempt des gardes du corps. Je suis né à Châteaudun le 17 octobre 1755 ; mes frères Pierre et Julien en 1753 et en 1757.

Notre jeunesse, qui se passa à Châteaudun et au château de Moréville, ne fut marquée par aucun fait important et j'en parlerai peu.

Notre mère étant morte en 1758, nous fûmes élevés par une gouvernante, Mme Dhahusau qui resta dans la famille jusqu'en 1778, année de sa mort. Mon père lui avait assuré par testament une pension viagère, la jouissance d'une maison à Châteaudun et la liberté d'habiter, quand elle le voudrait, Villechèvre, Moréville et Biches où elle tenait le ménage quand nous y allions.

Destinés tous les trois à porter l'épée, car nous n'avions aucune disposition à prendre le petit collet, nous échappions le plus possible aux leçons du vieux chapelain de Moréville, qui, du reste, n'avait guère de science à nous céder et était bien incapable de régenter trois enragés ne rêvant que plaies et bosses, chasses au loup dans les bois de Dangeau et longues chevauchées à travers la plaine. Mais, par contre, nous avions une grande affection pour Gaunard, exempt de maréchaussée, qui sous l'œil sévère de mon père nous apprenait l'escrime, l'équitation et l'usage des armes à feu. Ce vieux soldat nous enthousiasmait en nous racontant ses aventures de guerre et particulièrement un combat homérique qu'il avait soutenu à lui seul contre cinq cavaliers allemands, dont il était parvenu à se défaire, non sans avoir eu la figure et les épaules tailladées de coups de sabre. A cette époque, il était brigadier au régiment Royal-Cravates et sa haute taille se redressait quand il rappelait ce fait qui lui avait valu les éloges de son colonel, M. de Pont-Saint-Pierre, et un avancement mérité.

Après avoir obtenu ses lettres d'honneur, mon père vécut presque toujours à Moréville et mourut en 1770, nous laissant sous la tutelle de notre aïeul maternel, M. de Bainville. Par testament, il nous imposait l'obligation de poursuivre jusqu'à la fin un procès qui durait depuis nombre d'années avec les descendants de notre grand-oncle Jean de Villebresme, lieutenant des maréchaux de France. Ce procès avait déjà coûté des sommes considérables, bien supérieures à la valeur du fief contesté, mais il y allait d'une

prérogative toujours attribuée à la branche aînée et aucune tran-
saction n'était possible. Nos adversaires étant morts en 1772, le
procès se trouva terminé à notre grande satisfaction, car, de juridictions en juridictions, l'affaire pouvait s'éterniser et compromettre
gravement notre légitime. Prévoyant ce dernier cas, mon père
ordonnait dans son testament de n'émanciper que notre frère aîné
et de ne faire le partage de ses biens qu'à la majorité de 25 ans de
ses trois fils ; les frais du procès et les dettes devaient être acquit-
tés au moyen des économies de moitié des revenus ; il laissait
enfin à M. de Layré, son successeur médiat dans la charge
de lieutenant-général du Dunois, trois mille livres pour nous aider
de ses conseils et veiller à l'exécution des clauses de son testament.

Peu de temps après la mort de mon père, mon frère Pierre fut
admis aux mousquetaires et nous quitta à Bourgoing où nous habi-
tions avec notre grand-père, M. de Bainville. A ma grande joie je
le rejoignis lorsque j'eus l'âge requis, c'est-à-dire le 22 mars 1772,
et fus inscrit comme lui sur les rôles de la 1re compagnie, dite des
mousquetaires gris, où mon frère Julien entra aussi en 1774.

Quelques jours après avoir été équipé, je fus conduit à l'ordre
pour être présenté au Roi qui, en sa qualité de capitaine des deux
compagnies de mousquetaires, tenait à voir les nouveaux venus.
L'ordre avait lieu le matin, lorsque le Roi allait à la messe ; tous
les corps de sa maison y étaient représentés et se plaçaient de la
manière suivante dans l'appartement qui précédait la chapelle : le
gendarme de la garde près de la porte de la chapelle ayant à sa
gauche le chevau-léger, ensuite le mousquetaire noir, puis le
mousquetaire gris, de sorte que ce dernier avait la gauche et le
gendarme la droite. Comme le Roi donnait l'ordre en entrant, il
était reçu par le mousquetaire gris.

Lorsque le Roi fut annoncé par le garde de la porte, je sentis
mes jambes fléchir malgré ma résolution de faire bonne contenance. Il arriva précédé de deux gardes de la Manche et suivi d'un
nombreux cortège de princes et de courtisans qu'il dominait par
la majesté de son attitude. Il donna l'ordre à mon camarade et

en m'apercevant derrière lui, il demanda à M. le marquis de la Vaupallière, son lieutenant qui me présentait, depuis quand on recevait des filles aux mousquetaires. Je devins rouge comme ma casaque pendant que toute l'assistance se prenait à rire en me regardant. Il faut dire qu'alors j'étais mince, très petit, sans le moindre poil au menton et j'avais si bien l'air d'une fille que, travesti en femme, il m'est arrivé quelquefois de plaisantes aventures. M. le marquis de la Vaupallière raconta mon histoire, fit valoir les services de ma famille et Sa Majesté, satisfaite, me quitta en me faisant un petit signe de tête amical et en me recommandant d'être bien sage, ce qui, dit-il, n'était guère dans les habitudes de messieurs les mousquetaires.

Je crois nécessaire maintenant d'entrer dans quelques détails sur la maison du Roi et particulièrement sur les mousquetaires.

En 1772, les troupes à cheval de la maison du Roi comprenaient les gardes du corps, les gendarmes, les chevau-légers, les mousquetaires et les grenadiers.

Les gardes du corps formaient quatre compagnies dont la colonelle avait conservé le nom de compagnie écossaise, bien qu'elle ne comptât que des Français dans ses rangs depuis la réunion de l'Écosse à l'Angleterre ; comme dernière trace de son origine, les gardes répondaient encore aux appels : « *Hhay hha miex* », ce qui veut dire en écossais : « me voici ».

Les gardes du corps avaient l'habit bleu turquin avec parements, doublure, veste et collet rouges ; manches en bottes et poches en pattes ; agréments d'argent ; chapeau brodé d'argent. Chaque compagnie avait une couleur distincte pour les bandoulières et les banderoles des trompettes ; la première était blanche, la seconde verte, la troisième bleue et la quatrième jaune.

Cette troupe, qui avait le pas sur toutes les autres, jouissait du privilège d'être toujours auprès de Sa Majesté, tant dans l'intérieur du palais qu'autour de son carrosse quand elle sortait, et de relever les gardes des princes que le Roi allait visiter.

A la compagnie écossaise appartenaient les gardes de la Manche dont deux ne quittaient jamais le Roi, se tenant à ses côtés revêtus de leurs hoquetons blancs semés de papillotes d'or et armés d'une pertuisane ; pendant leur service, ils avaient bouche à cour au serdeau du Roi [1].

. Les gardes du corps étaient fort indisciplinés et souvent leur conduite causa de grandes difficultés au Roi, alors qu'ils auraient dû, au contraire, donner le bon exemple aux troupes travaillées par les révolutionnaires.

Tout le monde sait qu'à Beauvais, leur garnison habituelle, ils se livrèrent, en 1786, aux plus grands excès et que beaucoup d'entre eux furent sévèrement condamnés par le conseil de guerre. Il est heureux que, se rappelant leur devoir au moment du danger, ils surent racheter leurs fautes par leur héroïsme, lorsqu'ils eurent à défendre la famille royale contre l'infâme tourbe parisienne.

Les quatre compagnies de gardes du corps avaient chacune un capitaine, trois lieutenants, trois enseignes, quinze exempts, quatorze brigadiers et cent gardes en pied.

Le major-général était, en 1772, M. le marquis de Pontécoulant.

Les gendarmes de la garde étaient commandés par M. le maréchal prince de Soubise, ayant sous ses ordres deux sous-lieutenants, trois enseignes, trois guidons, deux aides-majors, huit maréchaux des logis, dix brigadiers, quatre porte-étendards et 200 gendarmes. Ils avaient pour uniforme l'habit rouge galonné à la Bourgogne sur toutes les tailles, revers, parements, collet et retroussis de velours noir, ainsi que la veste qui était brodée et galonnée d'or ; les timbaliers et les trompettes étaient vêtus de velours bleu galonné d'or en plein.

Les chevau-légers, commandés par M. le duc d'Aiguillon, portaient l'habit écarlate avec doublure, parements, collet, veste et culotte de soie blanche ; l'habit galonné d'or sur toutes les tailles

---

· 1. Table de service.

avec brandebourgs. Ils avaient leur quartier à Versailles ainsi que les gendarmes.

Les mousquetaires formaient deux compagnies différenciées par la couleur de leurs chevaux, d'où le nom de mousquetaires gris pour la première et de mousquetaires noirs pour la deuxième.

Comme pour les autres troupes de sa garde, le Roi était capitaine-né des deux compagnies, mais il les faisait rarement manœuvrer lui-même ; elles étaient commandées de fait par les capitaines-lieutenants, M. le comte de la Chèze et M. le comte de Montboissier, lieutenants-généraux des armées du Roi. Dans chaque compagnie, il y avait deux sous-lieutenants, deux enseignes, deux cornettes, deux aides-majors, huit maréchaux des logis, six brigadiers, seize sous-brigadiers, un porte-étendard, un porte-drapeau, cent quatre-vingts mousquetaires, quatre hautbois et six tambours, dont les instruments étaient plus petits que ceux de l'infanterie et battaient d'une manière toute différente et beaucoup plus gaie.

Les mousquetaires avaient été institués non seulement pour la garde du Roi, mais aussi pour être l'école militaire de la noblesse du royaume, de sorte que la plus grande partie des officiers généraux et beaucoup de maréchaux de France y avaient débuté.

La première compagnie, dont l'hôtel était dans la rue du Bac, avait l'habit avec collet, parements et doublure en drap écarlate bordé d'or, boutonnières d'or, boutons dorés ornés de croix de même dessin que celles de la soubreveste ; doubles poches en long, veste et culottes jaunes, chapeau bordé d'or, plumet blanc, bottes molles, éperons d'argent, soubreveste bleue doublée de rouge, garnie d'un double bordé d'argent et de croix blanches brodées devant et derrière ; enfin l'équipage du cheval était d'écarlate brodé d'or. L'uniforme de la seconde compagnie était le même, à cette seule différence qu'elle avait en argent les galons que nous avions en or [1].

Jadis pour se reconnaître dans les combats, les cavaliers portaient des croix blanches, brodées devant et derrière leurs hoquetons, ou

---

1. La 2e compagnie était casernée à l'hôtel des Quinze-Vingts.

peintes sur leurs cuirasses : c'est de cet ancien usage que les croix
de nos soubrevestes tiraient leur origine.

Notre armement consistait en un fusil à la dragonne, deux pistolets et une épée convenable pour servir à pied et à cheval, car
nous manœuvrions indifféremment par escadron ou par bataillon,
et c'est pour cela que nous avions un drapeau et un étendard.

Les mousquetaires ont combattu en maintes occasions des deux
façons et se sont toujours couverts de gloire ; mais ce qu'ils
firent à Cassel mérite particulièrement d'être relaté. Pendant que
l'armée se rangeait en bataille, et que les mousquetaires allaient
prendre leur poste, M. le maréchal d'Humières aperçut derrière des
haies trois bataillons ennemis ; il fit mettre pied à terre aux mousquetaires qui, tout bottés qu'ils étaient, donnèrent sur ces bataillons, les défirent, puis, remontant à cheval, renversèrent une
troupe de cavalerie ennemie qui s'avançait. Au siège de Valen-
ciennes, ils combattirent encore à pied pour repousser une sortie et poursuivirent l'ennemi de si près, que plusieurs d'entre eux
parvinrent en même temps que lui à la porte, où ils se laissèrent
écraser pour empêcher sa fermeture et permettre à leurs camarades d'arriver ; c'est à eux qu'on doit la prise de cette ville.
A Fontenoy, ils combattirent à cheval, et personne n'ignore
qu'ils renversèrent toutes les troupes qui eurent l'audace de les
attendre.

J'ai dit que le Roi était capitaine des deux compagnies dont
chacune avait un capitaine-lieutenant ayant le rang de lieutenant-
général ; les sous-lieutenants étaient maréchaux de camp ; les enseignes, les cornettes et les maréchaux des logis, mestres de camp ;
enfin les brigadiers, les sous-brigadiers et les porte-drapeaux, capitaines et lieutenants.

Les mousquetaires étant destinés à servir d'École de Mars, nos
officiers nous tenaient sous une discipline sévère et nous exer-
çaient continuellement aux évolutions de l'infanterie et de la
cavalerie. Le moindre manquement au service était puni de prison
et une faute grave amenait le renvoi immédiat par ordre du Roi,

mais l'émulation était telle que nous méritions bien rarement des reproches.

Les troupes de la maison du Roi servaient par quartier, à l'exception des mousquetaires qui devaient être présents toute l'année et n'obtenaient que des congés de peu de durée et encore fallait-il qu'ils eussent au moins une année de présence. Il en résultait que nous avions peu de surnuméraires, tandis que les chevau-légers et les gendarmes, par exemple, en avaient un grand nombre qui, après avoir été exercés, ne reparaissaient que pour entrer en campagne et rentraient ensuite chez eux.

Nous étions réputés avec les grenadiers à cheval de la maison du Roi pour la justesse de nos évolutions et nous tenions à conserver notre renommée qui nous valait beaucoup d'applaudissements à la revue que le Roi avait l'habitude de passer au Trou d'Enfer, la veille de son départ pour le château de Compiègne. Par contre, nous avions la réputation, un peu justifiée je dois l'avouer, d'aimer les plaisirs, aussi un officier subalterne était commandé chaque jour pour assister aux spectacles et aux fêtes publiques. Il faut dire que nous vivions sur notre réputation et que souvent des étourdis sans qualité, profitant de ce qu'on ne pouvait nous reconnaître, car nous ne sortions jamais en uniforme, cherchaient à imposer en se disant des nôtres, ou même en criant: « A moi, mousquetaires ! » lorsque, dans les bagarres, ils ne se sentaient pas les plus forts. On nous imputait donc beaucoup de délits dont nous étions innocents. Nous prîmes le parti de mettre fin à cette situation et l'occasion ne tarda pas à se produire. Un soir, pendant la foire qui avait lieu au Cours de la Reine, quelques jeunes gens causèrent du désordre, éteignirent les lampions et en profitèrent pour embrasser les bourgeoises sous le nez de leurs maris ; ces derniers furieux, ainsi que les forains, appelèrent le guet et voulurent l'aider à arrêter les coupables, mais ceux-ci se défendirent, tirèrent l'épée et se dirent mousquetaires. Étant survenus en bon nombre nous vîmes que nous avions affaire à des gardes françaises qui reçurent d'abord une bonne correction, après quoi on les

trempa dans la Seine d'où ils sortirent fort penauds, à la grande
joie du public. Mais M. le duc de Biron, colonel des gardes françaises, se plaignit au Roi et nous accusa d'avoir provoqué ses
soldats; nos capitaines et M. de Richeteau, porte-étendard, qui
avait assisté à l'algarade, prirent notre défense et montrèrent au
Roi que nous n'avions fait que punir l'outrecuidance des gardes qui
s'étaient dits mousquetaires. Bref, le Roi nous donna raison et les
gardes coupables furent envoyés à l'Abbaye. Depuis cette exécution,
personne ne s'avisa d'usurper la qualité de mousquetaire, ce
qui fit qu'on parla de nous moins souvent.

Pour être reçu aux mousquetaires, il fallait produire ses preuves
de noblesse au major de la compagnie qui vous examinait ensuite
et vous présentait au capitaine; celui-ci décidait si on pouvait être
inscrit sur le rôle de sa compagnie. On devait avoir seize ans
révolus, à moins d'une permission expresse du Roi, et moins de
vingt-deux ans, surtout si on avait servi dans un autre corps ; de
plus, les parents du postulant étaient tenus d'assurer 1,500 livres
pour la subsistance et de consigner 1,900 livres pour l'équipement,
le manège, l'escrime, les tambours, la comédie, etc.

Le roi Louis XV étant mort de la petite vérole au printemps de
1774, je n'eus pas l'occasion de le voir souvent, car, dans ses dernières années, il sortait peu, venait rarement à Paris et je ne fus
désigné que deux fois pour aller à l'ordre.

Il n'entre pas dans le cadre de mon récit de relater les bruits
malveillants qui coururent alors sur les causes de la mort du Roi,
ni les intrigues dont la Cour était le théâtre entre les partisans des
Dubarry et ceux des Choiseul. Qu'il me suffise de dire que Sa Majesté laissa beaucoup de regrets, quoi qu'en aient dit les pamphlé-
taires ; à cette époque du reste, la nation n'avait pas perdu le respect
et l'affection qu'elle doit à son souverain et le rebut de la population
resta seul indifférent. Le convoi royal se rendit bien sans aucun
cérémonial à Saint-Denis ; mais, si la Cour n'y assista pas, c'est
que, par crainte de la contagion qui venait d'atteindre Mesdames
et une foule de personnes, elle s'était retirée à Choisy sur l'avis

des médecins. Les ministres même qui avaient approché le feu Roi pendant sa maladie avaient défense de voir Louis XVI, ce qui mit ce dernier dans le plus grand embarras, car il avait été tenu à l'écart des affaires et l'indécision de son caractère ne lui permettait pas de saisir hardiment le gouvernail. Enfin, sur le conseil de M. de Sartines, et pour le malheur de la France, M. de Maurepas fut nommé premier ministre ; son insouciance allait préparer les événements qui perdirent notre auguste et glorieuse monarchie. M. de Maurepas était un homme spirituel, mais vain et infatué de lui-même ; on peut dire qu'en affaires il fut aussi insuffisant qu'en galanterie. Ses amis, en effet, ne s'étaient pas gênés pour raconter que les exploits amoureux dont il se vantait souvent s'arrêtaient aux préliminaires les plus modestes ; or, comme il était très empressé auprès des dames, une d'elles qui connaissait sa réputation et était fatiguée de ses assiduités résolut de s'en débarrasser ; à cet effet, elle fit semblant de partager sa flamme, le mit au pied du mur et le bonhomme, interloqué, resta coi. L'aventure fit du bruit et lui valut plusieurs avanies du même genre qui lui firent voir qu'il était temps de prendre près du beau sexe une autre attitude plus conforme à ses facultés.

En 1773, des mouvements révolutionnaires dont le prétexte était la cherté du pain, éclatèrent en Bourgogne puis gagnèrent Paris ; je dis prétexte, car le motif véritable était ailleurs, puisque les révoltés jetaient à l'eau ou au ruisseau le blé que le Roi faisait venir. On tergiversa au lieu d'agir avec vigueur, le lieutenant de police se montra faible et tout allait à la diable, quand fort heureusement M. le maréchal de Biron obtint carte blanche pour réprimer les désordres. Il nous fit occuper immédiatement les carrefours, les principales rues et les boulangeries, car les gardes françaises composés de l'écume parisienne n'étaient pas sûrs et, en qualité d'étrangers, les gardes suisses étaient tenus à une grande réserve. Les mutins refusant de se disperser de bon gré, on nous fit charger vigoureusement et l'affaire se termina sans grande effusion de sang. Le peuple nous garda rancune et cependant nous

avions chargé l'épée au fourreau, nous contentant de bousculer les
émeutiers avec le poitrail de nos chevaux : mais les Parisiens étaient
déjà travaillés par ceux qui devaient faire la révolution et nous
jalousaient ; notre perte fut alors jurée.

On rechercha les meneurs, qu'on ne sut pas ou qu'on ne voulut
pas découvrir ; le prince de Conti fut même suspecté ; mais le
principal coupable était le duc d'Orléans ; en 1771 déjà, lors des
difficultés survenues entre les Parlements et la Cour, il avait eu
l'audace, avec son beau-frère, de protester contre l'autorité royale.
Tous ces d'Orléans, même les meilleurs d'entre eux, n'ont jamais
été que des révoltés et des ingrats ; celui dont il est ici question
avait été comblé de faveurs par Louis XV ; son fils le fut à son
tour par Louis XVI dont il vota la mort !

Dès le commencement du règne de Louis XVI, l'opinion publique réclama des réformes ; on en demandait partout, et avec un tel
esprit de suite, qu'on ne pouvait douter d'une direction unique et
cachée. L'armée n'échappa pas à cette épidémie et se partagea en
deux camps : les uns, admirateurs passionnés des institutions du
roi Frédéric, se rendaient en Prusse pour les étudier et revenaient
enfarinés de ce qu'ils avaient vu ; les autres affirmaient, et avec
raison, que les soldats français avaient leurs qualités particulières
dont il fallait tenir compte et que quelques modifications dans la
tactique, réclamées par le nouvel emploi de l'artillerie de bataille,
suffiraient à nous mettre au niveau de nos voisins ; que nos défaites
enfin pendant la dernière guerre étaient imputables bien plus à
l'incapacité des généraux qu'à l'infériorité de nos troupes. La discussion continua ainsi jusqu'à la mort du maréchal de Muy, mais
alors les novateurs, soutenus par M. de Maurepas, parvinrent à
faire nommer ministre de la guerre M. le comte de Saint-Germain.
Ce dernier était peu connu ; on se rappelait seulement qu'à Ros-
bach il avait bien manœuvré et fait preuve de talents militaires ;
après la guerre, il était allé servir en Hongrie, puis en Danemark ;
bref, on l'avait perdu de vue depuis longtemps. On alla le chercher dans sa retraite en Alsace, où il ne fut pas le moins surpris

de son élévation subite. C'était un caractère froid, ombrageux, exigeant, d'une raideur toute prussienne ; il avait conçu une foule de réformes qu'il chercha à appliquer sans préparation et d'un seul coup ; ce fut un bouleversement général. En ce qui concerne l'instruction des troupes et l'artillerie, il fit, avec M. de Gribeauval, d'excellente besogne, et les armées de la République ou, pour être plus juste, les anciennes armées royales, lui durent en grande partie leurs succès extraordinaires, mais la haine qu'il portait à la noblesse de cour lui fit commettre la faute de réduire, sous prétexte d'économies, la maison du Roi, où les principaux emplois étaient occupés par les grands seigneurs ; peut-être aussi était-il l'instrument inconscient des révolutionnaires qui préparaient déjà leurs plans machiavéliques et tenaient à priver le Roi de ses plus fidèles serviteurs. Cependant, par suite de l'opposition que rencontra M. de Saint-Germain, il ne put que diminuer le nombre des gardes ; seuls, les mousquetaires, victimes de la haine populaire, comme je l'ai dit, et du peu de crédit de MM. de la Chèze et de Montboissier, furent alors sacrifiés. Les événements de la Révolution ont montré que la suppression de la maison du Roi, presque entièrement opérée en 1775 et en 1787, permit le développement des affreux complots qui firent périr le Roi, la Reine, le Dauphin, Madame Élisabeth et une immense quantité de Français.

M. de Saint-Germain ne fut pas moins maladroit en imposant la discipline prussienne à nos soldats, si chatouilleux sur le point d'honneur ; les lourdauds Poméraniens et les mercenaires à la solde de la Prusse pouvaient s'accommoder des coups de plat de sabre, les soldats français ne s'y résignèrent jamais. On en vit qui refusèrent de recevoir cette peine qu'ils considéraient comme infamante, en demandant qu'on les frappât plutôt avec le tranchant ; des officiers généraux, des princes même s'opposèrent à l'application des nouveaux règlements ; on juge du bel effet que cela produisit sur des troupes déjà travaillées par les révolutionnaires.

L'enthousiasme avait été grand dans les rangs inférieurs de

l'armée lorsque M. de Saint-Germain était arrivé au pouvoir et les soldats chantaient une chanson qui commençait ainsi :

> Saint-Germain,
> Dès demain,
> Je m'engage !
> De la gloire de l'État,
> Du bonheur du soldat,
> Ton nom seul est le gage !
> Etc.

La lune de miel ne dura pas longtemps.

Le 15 décembre 1775 fut un jour de deuil pour nous, car il vit notre séparation et nos adieux. Les simples mousquetaires, comme les autres « maîtres » de la maison du Roi, pouvaient après deux ans de service obtenir une sous-lieutenance s'il y en avait de libres ; mais ils n'avaient aucun rang et jouissaient simplement de quelques privilèges de *committimus,* de vétérance et d'invalide à rang d'officier. A partir du jour de la réforme, nous eûmes droit suivant notre ancienneté aux deux tiers, à la moitié ou au quart de nos appointements et je me trouvai dans cette dernière catégorie avec 180 £, car j'avais le numéro 152. Cette solde n'était que provisoire en ce qu'elle devait prendre fin le jour où un emploi nous serait concédé.

Parmi les maréchaux des logis, M. d'Ormencey était le plus ancien et M. des Bordes le plus jeune ; les brigadiers avaient, en général, trente ans de services. Dubois-Crancé, le futur conventionnel, était de 1762. Le jour du licenciement, notre compagnie comptait, en dehors des gradés, 175 mousquetaires et 98 surnuméraires.

CHAPITRE II

J'étais fort embarrassé de ma personne, car les autres corps qui venaient d'être réduits étaient au complet et je ne pouvais y entrer que comme surnuméraire sans appointements ni emploi les trois quarts de l'année. On m'offrit bien une sous-lieutenance dans l'infanterie, mais je n'avais aucun goût pour cette arme et je préférai attendre. Un de mes camarades, M. de Cornulier, avec qui j'habitais rue Taranne, fut plus impatient que moi et je me félicitai de ne pas l'avoir imité, car il resta sous-lieutenant pendant quatre ans sans appointements ; il ne devint capitaine de remplacement que quatorze ans après et encore c'est avec peine qu'il entra en fonctions, car les lieutenants se considéraient comme lésés dans leurs droits par la création des capitaines de remplacement et refusaient de les recevoir. Cette situation fut la cause d'une infinité de duels où nombre de gentilshommes trouvèrent la mort.

J'attendis ainsi pendant plus de deux ans, espérant que la guerre qui était dans l'air me tirerait d'embarras.

Enfin, au mois de mai 1778, je fis la connaissance de M. de la Clocheterie, capitaine de la frégate la Belle-Poule, qui venait prendre ses dernières instructions avant d'appareiller. Il m'engagea à servir sur mer qui paraissait devoir être le théâtre de la guerre ; mais comme il partait le lendemain, que le temps me manquait pour obtenir l'agrément du ministre, et que d'autre part je ne savais si le service de la marine me conviendrait, il fut convenu que je me rendrais avec lui à Brest, où il m'embarquerait, par-dessus le bord, comme disent les marins.

Mes préparatifs furent bientôt faits, et étant arrivé le 22 mai à Brest, j'allai immédiatement m'établir à bord de la Belle-Poule, où le commandant me fit faire dans la batterie une soute en toile meublée d'un petit lit, d'une chaise et d'un bonheur du jour. A cette époque le capitaine et le lieutenant avaient seuls des chambres en bois ; tous les autres officiers étaient logés comme moi. Lorsqu'il y avait des troupes embarquées, on se mettait où l'on pouvait ; dans la traversée d'Amérique sur le *Jason,* j'ai vu un colonel et M. de Fersen, aide de camp de M. le comte de Rochambeau, coucher tous les deux sur la table du conseil, et le commissaire des guerres au-dessous avec deux capitaines du régiment de Deux-Ponts, les uns et les autres roulés dans leurs manteaux et enchantés de leur sort.

M. Chadeau de la Clocheterie qui allait bientôt devenir célèbre et avec qui j'étais destiné à naviguer pendant quatre ans, était fils de M. Chadeau de la Clocheterie, lieutenant de vaisseau, tué sur le *Sérieux* dans le combat de M. de la Jonquière le 14 mai 1747 ; à cette occasion, le Roi avait accordé des lettres de noblesse à sa famille. Le capitaine de la *Belle-Poule* avait déjà de beaux états de service, car il était chevalier de Saint-Louis depuis 1775. On veut faire croire aujourd'hui que les officiers rouges de l'ancienne marine étaient plus souvent dans les salons et les boudoirs, que sur le pont d'un navire ; c'est de l'ignorance ou de la mauvaise foi, témoin l'exemple de M. de la Clocheterie qui était loin d'être une exception. Il avait été garde marine en 1754, enseigne en 1757, lieutenant de vaisseau en 1767, capitaine de fusiliers en 1770, capitaine de bombardiers en 1777, avait assisté à un grand nombre de combats et avait passé 15 ans à la mer. Il était de taille ordinaire, d'un physique agréable et d'un abord charmant, sa conversation était enjouée et témoignait d'un esprit cultivé, chevaleresque et ami des lettres.

Les autres officiers de la *Belle-Poule* étaient M. Green de Saint-Marsault, lieutenant de vaisseau, fils et frère d'officiers de marine distingués ; M. Bouvet, officier auxiliaire, lieutenant de frégate qui devait devenir amiral ; MM. de la Roche Kerandraon et de Capellis, enseignes ; de Bastrat et de la Galernerie, gardes marines ;

Damard, Séhire et Rouillard, officiers auxiliaires. A propos de ces derniers je crois bon de rappeler que les officiers rouges ou du grand corps qui généralement parvenaient seuls aux grades supérieurs sortaient des gardes de la marine, ou exceptionnellement de l'armée de terre et de la compagnie des Indes ; ces derniers étaient qualifiés de l'épithète d'intrus.

Les capitaines de corsaires qui avaient fait leurs preuves par des actions d'éclat pouvaient entrer dans la marine royale avec les grades intermédiaires de capitaine de brûlot ou de lieutenant de frégate ; les gens de la maistrance obtenaient le brevet de capitaine de flûte ; enfin les officiers du commerce étaient levés lorsqu'il y avait besoin de compléter les états-majors et devenaient officiers auxiliaires. Tous ces officiers avaient l'uniforme bleu, ce qui les distinguait des officiers rouges ; ceux-là portaient la culotte et la veste rouges et étaient de noblesse prouvée.

Le maréchal de Castries, lorsqu'il devint ministre de la marine, supprima en partie ces distinctions, en permettant aux roturiers d'entrer dans le grand corps, ce qui du reste ne mit pas fin aux jalousies, car chaque matelot a toujours cru en France qu'il avait l'étoffe d'un amiral.

Avant de faire le récit de la guerre qui n'allait pas tarder à éclater, il est nécessaire de jeter un coup d'œil sur les événements qui l'ont provoquée et, pour cela, de remonter jusqu'à la fondation des colonies anglaises dans l'Amérique du Nord, sous le règne de la reine Élisabeth.

Ces établissements situés entre le 34e et le 35e degré de latitude nord, prirent le nom de Virginie et devinrent prospères sous le règne du roi Jacques, qui ne tarda pas à confisquer leurs droits et privilèges au profit de la métropole ; il respecta cependant la forme de gouvernement représentatif que s'était donné la colonie.

Pendant la révolution d'Angleterre, ces établissements profitèrent de l'oubli dans lequel on les laissa pour perfectionner leur administration intérieure. A l'avènement de Charles II, l'assemblée de l'État de Massachusset, tout en reconnaissant l'autorité du roi, déclara cependant que les citoyens avaient le droit de nommer leurs représentants et que le gouvernement ainsi constitué avait seul les pouvoirs législatif et exécutif, par suite de voter les taxes et impôts. L'Angleterre ne fit pas attention à cette déclaration de principes sur lesquels les Américains fondèrent plus tard leur ré-sistance.

En 1765, les finances anglaises étant obérées, le gouvernement voulut établir en Amérique l'impôt du timbre qui existait en Angleterre, mais des émeutes se produisirent, à la suite des-quelles l'assemblée des États déclara, le 7 octobre 1765, que l'acte du timbre était illégal ; les Américains obtinrent satisfaction et le bill du parlement fut rapporté. En 1767, un nouveau bill imposa le verre, le papier et le thé, importés de la métropole. Cette fois il y eut des émeutes sanglantes et les Américains s'engagèrent à renoncer complètement à l'usage des objets soumis aux taxes ; le parlement rapporta encore son bill, sauf pour le thé. Ce n'était qu'une demi-mesure et une demi-satisfaction, car le principe du droit de taxe restait entier par là même ; aussi le peuple de Boston envahit les navires anglais chargés de thé et en jeta les cargaisons à la mer. A la nouvelle de cet acte de révolte ouverte, le parlement déclara le port de Boston fermé pour un temps illimité, retira la charte et investit la couronne du droit de nommer les membres des États.

Le résultat de ces mesures impolitiques ne se fit pas attendre ; à l'instigation de l'assemblée de Massachusset, les autres États s'en-gagèrent à maintenir leurs libertés, à suspendre toute relation commerciale avec l'Angleterre et à armer des milices. En outre, un congrès général des États se réunit le 5 septembre 1774, nomma pour président Peyton Randolph, s'organisa en assemblée et décida d'envoyer une adresse formulant ses plaintes au roi et au peuple anglais. La réponse se faisant attendre, le sang coula à Lexington où les troupes anglaises furent battues par les « Minute men », compagnies de milices ainsi nommées parce qu'elles devaient être prêtes à tout instant ; la ville de Boston elle-même ne tarda pas à être prise par les insurgés. L'Angleterre chercha alors à frapper un grand coup ; elle envoya une escadre de quarante voiles pour détruire les villes du littoral américain et assiéger Charlestown, capitale de la Caroline et quartier général des forces insurgées dans les États du Sud.

La ville fut énergiquement défendue et la flotte anglaise obligée de lever le siège le 28 juillet 1776.

Peu après ce succès le congrès vota l'indépendance américaine et constitua une république fédérative de treize États qui prit le nom de République des États-Unis d'Amérique ; en même temps des représentants partirent pour l'Europe avec mission de solliciter l'appui des puissances étrangères. Le plus célèbre de ces envoyés, Franklin, trouva à Paris le terrain tout préparé ; celui qui « arracha la foudre aux cieux et le sceptre aux tyrans » se vit entouré, fêté, acclamé partout où il parut ; ce fut une rage, un engouement général. On demandait à grands cris la guerre avec l'Angleterre, le plus grand nombre pour venger les désastres de la guerre de Sept ans ; quelques-uns, entre autres les philosophes et les rhéteurs, par sympathie pour des révoltés et des démocrates.

Louis XVI et M. Turgot répugnaient à la guerre, invoquaient l'état de nos finances, les difficultés de l'entreprise, le danger de soutenir des colonies insurgées contre la mère patrie ; ils auraient préféré conclure une alliance avec les provinces du Nord et attaquer l'Angleterre dans l'Inde. Louis XVI qui, comme tous les Bourbons, avait des idées extrêmement justes sur la politique extérieure, prévoyait que des succès en Amérique ne pouvaient profiter qu'aux Américains, tandis qu'une victoire dans l'Inde aurait ruiné le prestige et le crédit de l'Angleterre. M. de Vergennes, au contraire, était partisan de l'alliance américaine, dont les résultats, d'après lui, devaient être plus immédiats. Sur ces entrefaites, le marquis de Lafayette et beaucoup de gentilshommes partirent pour l'Amérique, malgré les ordres de la cour, et y arrivèrent au mois d'avril 1777 ; l'Angleterre fit des observations amères et Lafayette fut désavoué, mais lorsque la nouvelle de la capitulation du général Burgoyne à Saratoga parvint en France, Louis XVI ne put résister à l'entraînement général et autorisa M. de Vergennes à entamer des négociations officielles avec le congrès. Au mois de février 1778 un traité de commerce et d'amitié entre la France et l'Amérique fut signé à Paris et notifié à Londres. L'Angleterre rappela son ambassadeur, envoya dans l'Inde l'ordre d'attaquer nos navires et arma à Plymouth et Portsmouth deux escadres commandées par les amiraux Byron et Keppel. De son côté le Roi confia à l'amiral d'Orvilliers la flotte de Brest et au mois d'avril 1778 il fit partir de Toulon pour l'Amérique septentrionale une escadre de douze vaisseaux et cinq frégates aux ordres de M. le comte d'Estaing.

Né en 1713, M. le comte Guillouet d'Orvilliers était fils d'un capitaine de vaisseau mort gouverneur de la Cayenne. Entré dans la marine en 1728, il était lieutenant général depuis 1777 et avait la meilleure réputation comme tacticien. D'un caractère froid, méthodique, il ne manquait pas de cet esprit de décision qui conduit aux grands succès, mais il ne fut pas servi par les circonstances.

M. le comte d'Estaing était tout autre ; après avoir été mousquetaire, il était devenu colonel de Rouergue, avait servi dans l'Inde avec Lally-Tollendal, puis avait été nommé en 1777 vice-amiral ès-mers d'Asie et d'Amérique. D'une extrême bravoure, il donna souvent les preuves d'une folle témérité en marchant à la tête des troupes de débarquement, ce qui n'était guère la place d'un général en chef. Par contre, il manquait de persévérance, ne savait pas profiter d'un succès et ne se relevait pas d'un échec ; il n'eut jamais la prudence nécessaire, dédaignait l'avis de ses officiers, ne prévoyait pas le danger mais s'y jetait tête baissée, s'y obstinait et cherchait à y échapper par des moyens contraires aux règles de la tactique.

La guerre n'était pas encore déclarée au commencement de juin

1778, mais lorsque les navires anglais et français se rencontraient ils s'observaient avec défiance et se tenaient en branle-bas, mèches allumées. Cette situation ne pouvait durer longtemps et, sans nous y attendre, nous allions donner le signal des hostilités.

Notre division, aux ordres de M. de la Clocheterie, appareilla de Brest le 15 juin 1778 pour croiser dans les parages d'Ouessant; elle se composait de la frégate *la Belle-Poule,* de 26 canons de 12 et 4 de 9 ; de la frégate *la Licorne,* commandée par M. de Bélizal, de la corvette *l'Hirondelle* et du cutter *le Coureur.*

J'assistai au moment de l'appareillage à une scène qui m'amusa beaucoup, car je n'étais pas encore habitué aux mœurs maritimes. L'ancre étant profondément enfoncée dans la vase, et l'équipage ne pouvant parvenir à l'arracher malgré les roulements du tambour, le capitaine se mit à crier « Charivari ! » — « Pour qui ? » répondit le maître d'équipage : « Pour le capitaine qui a un bel habit! » hurla l'équipage et alors ce fut un feu roulant de plaisanteries, de quolibets au gros sel finissant en i ; l'équipage enchanté fit un violent effort sur les barres du cabestan et l'ancre dérapa.

Il ne faudrait pas croire que la discipline eût à souffrir de cette liberté accordée à l'équipage de plaisanter les officiers dans certaines circonstances ; c'était une habitude, comme celle du baptême de la ligne par exemple, et personne n'aurait songé à y voir le moindre inconvénient.

Deux jours après notre sortie, c'est-à-dire le 17, nous courions basbord amures avec jolie brise de sud-ouest quand les vigies signalèrent la flotte anglaise. Par prudence devant des forces si supérieures, M. de la Clocheterie fit mettre le cap sur Ouessant et donna liberté de manœuvre à la *Licorne* et à l'*Hirondelle* ; il ne garda près de lui que le *Coureur* parce que ce cutter était d'une marche remarquable et qu'en tête des chasseurs se trouvaient une frégate et un cutter; en cas d'attaque nous pouvions donc combattre à forces égales.

A six heures du soir, le cutter anglais *l'Alert* rejoignit le *Coureur* qui faisait peu de voiles et le somma de passer à poupe de l'amiral

Keppel. On sait qu'à la mer les navires doivent en temps de paix saluer les pavillons amiraux des autres nations ; ce salut consiste à se mettre sous le vent, à amener le pavillon, à ferler des voiles particulièrement le grand hunier et à envoyer quelques officiers à bord de l'amiral. M. de Rosily, capitaine du *Coureur*, estimant que les circonstances ne lui permettaient pas de suivre cette coutume, gagna du temps en ne paraissant pas comprendre l'anglais et finit par déclarer qu'il ne pouvait sans ordres se séparer de sa frégate. En ce moment, la frégate anglaise *l'Arethusa* de 28 canons de 12 nous rejoignit et se plaçant par notre hanche de basbord, son capitaine M. Marshall invita, fort poliment du reste, M. de la Clocheterie à aller saluer son amiral ; notre capitaine répondit sur le même ton qu'il n'en ferait rien, et qu'il ne modifierait pas sa route ; en même temps, il manœuvrait pour présenter le travers et ne pas être pris d'enfilade. A peine avions-nous terminé notre évolution, que *l'Arethusa* nous tira sa bordée à laquelle nous répondîmes sur-le-champ, et un combat acharné s'engagea à portée de pistolet, les deux frégates courant largue avec une petite brise vers la côte de Bretagne ; la flotte anglaise suivait de loin et ne pouvait, fort heureusement par suite du calme, se joindre à notre adversaire ; cependant sa présence nous gênait beaucoup car elle encourageait *l'Arethusa*, ne nous permettait pas de perdre du temps en manœuvres et enfin un peu de brise pouvait nous mettre dans une situation désespérée. La distance à laquelle nous nous battions rendait le combat extrêmement meurtrier ; les balles, les éclats de bois, les boulets faisaient de nombreuses victimes ; vers 8 heures, tous les officiers étaient blessés et M. de Saint-Marsault tué. Notre capitaine avait deux fortes contusions à la tête et à la cuisse droite, qui lui faisaient perdre beaucoup de sang ; après un rapide pansement, il reprit son poste et fut imité par tous ses officiers.

Notre équipage, encouragé par ces exemples, se multipliait, et vers onze heures la mâture et le gréement de *l'Arethusa* étaient dans le plus grand désordre. M. Marshall, voyant qu'il ne viendrait pas à bout de nous, et craignant de ne plus pouvoir se retirer du combat par suite de ses avaries, laissa porter et rejoignit sa flotte où nous ne pouvions songer à le poursuivre ; nous accompagnâmes sa retraite de nombreux coups de canon et de cris répétés de : Vive le Roi !

Le *Coureur* n'avait pas voulu se désintéresser de la partie, ni permettre à l'*Alert* de se joindre à l'*Arethusa* pour nous prendre entre deux feux ; bien qu'il n'eût que 52 hommes d'équipage et 10 petites pièces de 2 et de 3, il s'attaqua bravement à l'*Alert* qui avait 80 hommes d'équipage, 12 canons de 6 et était bastingué comme une frégate. Après un combat de deux heures par trop inégal, M. de Rosily tenta l'abordage et n'ayant pu réussir fut obligé d'amener son pavillon.

La *Licorne* avait été rejointe, vers deux heures de l'après-midi, par les vaisseaux *le Milfort* et l'*Hector* ; il était impossible à M. de Bélizal de résister et il ne put refuser d'aller à poupe du *Victory* pour saluer l'amiral Keppel ; ce dernier retint la *Licorne* jusqu'au lendemain matin, mais alors M. de Rosily lui écrivit pour protester et avoir des explications ; l'embarcation n'eut pas la permission d'accoster et revenait lorsque l'*Hector* tira deux coups de canon sur la *Licorne* qui répondit par toute sa bordée et amena son pavillon.

Seule de toute la division l'*Hirondelle* atteignit sans difficulté l'île de Bas à l'entrée de la rivière de Morlaix.

Le combat terminé, la *Belle-Poule* continua sa route, et ne pouvant regagner Brest à cause du délabrement de son gréement, mouilla vers deux heures du matin près de Pontusval. Au jour nous aperçûmes deux vaisseaux anglais qui nous observaient mais fort heureusement n'osèrent s'aventurer au milieu des roches, car nous étions incapables de nous défendre ayant eu 45 tués et 57 blessés.

L'amiral d'Orvilliers ayant eu connaissance de notre situation nous envoya de Brest, sous le commandement de M. de Sercey, cent matelots qui réparèrent nos principales avaries et nous conduisirent à Brest, en nous faisant passer, à terre des dangers [1], pour nous éviter toute mauvaise rencontre.

Notre retour fut salué par les acclamations des habitants de la côte et des équipages des vaisseaux de la rade. Le duc de Chartres, inspecteur général de la marine, vint immédiatement à notre bord, embrassa M. de la Clocheterie et complimenta tout l'état-major ainsi que l'équipage, qui fut très sensible à cet honneur, mais encore plus à une abondante distribution de louis qu'il lui fit deux jours après. Le duc de Chartres donna une fête en l'honneur des officiers de la *Belle-Poule,* et j'y assistai : il s'y passa une aventure plaisante. Trois dames s'étaient mis en tête de donner à chacun de nous un baiser et un nœud d'épée. Au moment où nous arrivions dans la salle, l'une d'elles, fort jolie et femme de l'intendant de la marine, embrassa de si bon cœur un de nos officiers auxiliaires que je ne nommerai pas, que celui-ci, un peu excité par les fumées du vin, se crut l'objet d'un tendre sentiment ; profitant de ce qu'elle était allée se reposer dans un boudoir il crut le moment favorable pour couronner sa flamme, mais la belle poussa les hauts cris, son mari accourut, enfonça la porte et fondit l'épée à la main sur le héros de l'histoire, qui n'eut que bien juste le temps de sauter par la fenêtre. Pendant deux jours, très honteux de son algarade et craignant d'être sévèrement puni, il resta caché dans une maison de la rue de Siam ; enfin, apprenant que l'intendant et sa femme avaient sollicité et obtenu sa grâce, il revint à bord où il ne fut question de rien.

Le roi nous témoigna sa satisfaction en accordant de nombreuses récompenses ; M. de la Clocheterie fut fait peu après capitaine de vaisseau, M. de la Roche Kerandraon, qui n'avait que 17 ans, obtint la croix de Saint-Louis, objet de tous les rêves ; les veuves des matelots tués eurent une pension de 150 livres avec augmentation de 20 livres par onfant et l'équipage toucha une gratification de deux mois de paie. De plus, interprète du Roi, le ministre

---

1. C'est-à-dire entre les rochers du large et la côte.

écrivit à M. de la Clocheterie la lettre suivante qui fut lue à tout l'équipage assemblé :

« M. le comte d'Orvilliers m'a envoyé, Monsieur, le récit que vous lui avez adressé du combat que vous avez soutenu le 17 de ce mois contre une frégate anglaise à la suite de l'insulte qu'elle avait dû faire au pavillon du Roi. Votre récit a été mis sous les yeux de S. M. Elle me charge expressément de vous témoigner combien elle est satisfaite de la fermeté et de la valeur avec lesquelles vous avez défendu la frégate et soutenu l'honneur de son pavillon. Il ne lui a pas échappé que la frégate anglaise, combattant à la vue de son escadre, avait sur vous par cette circonstance un avantage marqué de position qui ajoutait à sa force, et qu'il ne fallait pas moins que la bravoure et l'intrépidité dont vous avez donné l'exemple à vos officiers et à votre équipage, pour parvenir à obliger à la fuite un ennemi qui se sentait appuyé et qui était assuré, à tout événement, de pouvoir se réfugier sous le canon de son escadre. S. M. a vu avec intérêt le détail dans lequel vous êtes entré ; Elle a bien voulu me marquer son regret de la perte de M. Gréen de Saint-Marsault dont elle connaissait le mérite et de celles de tous les braves gens qui combattaient sous vos ordres. Elle a été très satisfaite du courage qu'a montré M. de la Roche Kérandraon en remontant sur le pont aussitôt qu'on eut mis le premier appareil à son bras, qui avait été cassé après une demi-heure de combat. Elle a été pareillement satisfaite de la fermeté de M. Bouvet qui, quoique blessé très grièvement, n'a pas voulu quitter son poste pour s'aller faire panser. Je ne doute pas que vous mettiez tout en usage pour vous retirer du mouillage que vous avez été forcé de prendre. C'est le théâtre de votre gloire et je suis assuré que la *Belle-Poule* sous votre commandement ne démentira jamais la célébrité que votre valeur vient de lui acquérir. »

Ce que le ministre n'ajoutait pas, c'est que ce combat le contrariait vivement, car son désir n'était pas alors de rompre définitivement avec l'Angleterre, mais de rester sur le pied d'une neutra-

lité armée ; bien que l'état de notre marine fût florissant, il trem-
blait toujours devant la puissance maritime de l'Angleterre qu'il
croyait invincible. Malgré notre rencontre et la prise par trahison
de la frégate *la Pallas* par l'escadre anglaise, il chercha à se
faire illusion et resta dans un aveuglement incroyable.

CHAPITRE III

BATAILLE D'OUESSANT

J'étais enthousiasmé de mes débuts dans la carrière maritime, mais les réparations de la *Belle-Poule* me donnant toute liberté, je me décidai à aller à Paris régulariser ma situation. Au moment de me mettre en route, je me trouvai chez M. de la Clocheterie avec M. le comte d'Orves, commandant l'*Actif* de 74, qui m'offrit de me prendre à son bord sur la recommandation de mon capitaine ; je me laissai facilement tenter, n'ayant rien de mieux à faire.

L'escadre alors en rade de Brest comptait 26 vaisseaux parfaitement armés ; mais le ministre, toujours hésitant et ignorant la force des flottes anglaises qu'on savait dehors, n'osait donner à M. le comte d'Orvilliers l'ordre d'appareiller. L'Espagne ne s'était pas encore déclarée et on jugeait qu'il était imprudent de risquer une affaire décisive et qu'une escadre toujours prête à sortir de Brest fatiguerait plus les Anglais, leur ferait plus de mal que si elle était à la mer.

Notre général ne partageait pas cette manière de voir, bien qu'il ne fût pas d'avis d'aller dans la Manche où nous n'avions aucun port de relâche. Le Gouvernement surmonta enfin ses hésitations et donna l'ordre tant souhaité par les états-majors et les équipages, désireux de se mesurer avec les Anglais ; mais les instructions données à M. le comte d'Orvilliers lui prescrivaient de n'employer la force qu'à la dernière extrémité et de se borner à user de représailles. Ces ménagements extraordinaires avec une puissance qui, sans déclaration de guerre, s'emparait de nos navires, ne pouvaient tarder à devenir lettre morte.

Les vents d'ouest nous ayant retenus quelques jours en rade, on put terminer l'armement de six autres vaisseaux, ce qui portait l'armée à 32 vaisseaux et 11 frégates ou bâtiments légers. Nous mîmes à la voile le 11 juillet, avec ordre de croiser dans le N.-O. d'Ouessant. Dès le lendemain, la corvette *la Curieuse* rendit aux Anglais la politesse qu'ils avaient faite à la division de M. de la Clocheterie en invitant la corvette *le Lively* à passer à poupe de notre général ; sur son refus, l'*Iphigénie* qui avait rejoint la *Curieuse* envoya sa bordée à l'Anglais et lui fit amener son pavillon. Cette capture fut le premier fait de guerre qui, de la part de la France, marqua le commencement des hostilités.

Des neutres et un lougre qui nous fut expédié de Brest nous apprirent que la flotte anglaise avait mis à la voile le 9 juillet et qu'elle devait être peu éloignée ; cette nouvelle fut accueillie par des cris répétés de : Vive le Roi ! L'amiral renvoya le lougre à Brest, porter au ministre des dépêches dans lesquelles il lui marquait sa satisfaction de l'ardeur des équipages et de la belle ordonnance de l'armée ; il ajoutait : « Puisque vous me laissez libre, Monseigneur, de continuer ma croisière, je ne ferai point rentrer l'armée à Brest avant un mois à moins d'ordres positifs. — Jusque-là, je ne fuirai point devant l'amiral Keppel quelques forces qu'il puisse avoir ; seulement si je le reconnais trop supérieur, j'éluderai de mon mieux un combat disproportionné, mais j'avoue que si l'ennemi cherche véritablement à lo livrer, il sera difficile de l'éviter. »

Cette lettre, qui dut faire faire la grimace au ministre, est la meilleure explication des incidents survenus ultérieurement et que je vais retracer.

Le 23 juillet nous étions à 50 lieues dans le N.-O. d'Ouessant quand nos frégates aperçurent l'armée anglaise et nous la signalèrent en tirant du canon. — La nuit suivante, le temps étant bouché, le *Duc-de-Bourgogne* de 80 et l'*Alexandre* de 74 s'égarèrent et se séparèrent de l'escadre, ce qui diminua sensiblement nos forces et les rendit très inférieures à celles des Anglais, ainsi que je le démontrerai dans l'état comparatif des deux armées.

Par suite de l'état de la mer, l'amiral d'Orvilliers manœuvra quatre jours pour conserver l'avantage du vent. — Le 27 au matin, les deux armées couraient basbord-amures avec des vents de O.-S.-O., la nôtre à trois lieues au vent des Anglais formés en échiquier stribord, c'est-à-dire qu'ils étaient à trois lieues sous le vent à nous par notre travers ; leur arrière-garde commandée par M. Harland au vent de la division de l'amiral Keppel, celle de M. Palliser sous le vent des deux autres. Dans cet état de choses le vent ayant adonné de deux quarts sur basbord, notre général fit exécuter une contre-marche vent arrière ; l'amiral Keppel serra immédiatement le vent à toutes voiles. L'armée française ayant achevé son mouvement et se trouvant bien formée en bataille stribord amures, prit le moment où les Anglais virèrent tous ensemble dans ses eaux, pour revirer elle-même tout à la fois et les charger en courant à dix quarts, en sorte qu'au lieu de trouver le serre-file de notre ligne que les Anglais comptaient combattre par derrière, ceux-ci trouvèrent des vaisseaux de tête qui les chargèrent tout de suite et les empêchèrent de se former, ce qui obligea la plupart de leurs vaisseaux à passer un à un, devant les nôtres bien unis, et comme par les baguettes. Vers midi, la tête de notre ligne à qui le général avait fait tenir le vent dans le dessein de se ménager des vaisseaux frais, reçut l'ordre ainsi que toute la ligne française de revirer vent arrière, par la contre-marche, en poursuivant le serre-file de la ligne anglaise. Les signaux de la *Bretagne* ne furent pas aperçus par les premiers bâtiments de l'escadre bleue : le *Diadème*, le *Conquérant*, le *Solitaire*, l'*Intrépide* et le *Saint-Esprit*, ce qui était très regrettable, car les deux armées s'éloignaient rapidement en courant à contre-bord et la belle manœuvre de notre général ne pouvait être efficace qu'à la condition d'être exécutée sur-le-champ. — Les vaisseaux de tête continuant à courir basbord amures et le *Zodiaque*, vaisseau qui se trouvait derrière le *Saint-Esprit*, ayant commencé le mouvement signalé, le duc de Chartres, ne comprenant rien à cette manœuvre, passa à portée de voix de la *Bretagne*, d'où M. le Cte d'Orvilliers lui cria qu'il voulait prolonger la ligne anglaise par-dessous le vent, afin de l'obliger à fermer les sabords de ses premières batteries.

Lorsque notre armée fut bien formée à l'autre bord, elle se trouva sous le vent des Anglais à la distance du boulet mort ; dans cette position notre général envoya trois frégates pour reconnaître l'état de l'ennemi et le provoquer en lui tirant des coups de canon. — Les Anglais qui n'étaient point en ordre et avaient plusieurs vaisseaux en fort mauvais état par l'effet de notre feu, ne songèrent qu'à tenir le vent ; on croit en France que cela s'appelle bien refuser le combat, d'autant que les Anglais avaient déjà fait un mouvement rétrograde en nous montrant les poupes de leurs vaisseaux pour reprendre une seconde fois les amures à stribord.

Les deux lignes étant ainsi disposées parallèlement au même bord, la nôtre, en bon ordre sous le vent, continua la même route à petites voiles pendant toute la nuit ; les Anglais serrèrent le vent et au point du jour les deux armées étaient encore en vue quand les ennemis virèrent tous ensemble et firent route pour Plymouth où on ne pouvait les poursuivre. Notre armée vint reconnaître Ouessant et passa la nuit en panne pour rider ses haubans et se réparer ; le lendemain n'ayant plus d'ennemis en vue, M. le Cte d'Orvilliers détacha trois vaisseaux et deux frégates à la mer où il y avait déjà, on se le rappelle, les deux vaisseaux qui nous cherchaient depuis la nuit du 23 au 24. — Ces dispositions prises, l'armée rentra à Brest pour réparer la *Bretagne,* la *Ville-de-Paris,* le *Saint-Esprit,* la *Couronne,* l'*Actif* et le *Réfléchi* qui avaient souffert du feu de l'ennemi et le *Sphynx* qui avait cassé son beaupré en s'abordant avec la *Fortunée.* — Cette rencontre ne fut en somme qu'un engagement extrêmement vif, mais de peu de durée, car commencé à 11 heures du matin il cessa à 2 heures.

Nous avions eu 161 tués parmi lesquels MM. de la Vouste, de Vincelles, d'Amart, de Molore, de Fortmanoir, etc., et 513 blessés dont M. Du Chaffault, commandant l'escadre blanche et bleue, son fils et des officiers de tous grades.

Telle fut l'issue de ce célèbre combat dont les résultats moraux furent immenses par l'influence qu'il exerça sur les glorieux événements de cette guerre maritime qu'il ouvrit par une victoire ; il fut désormais démontré que la marine, grâce aux soins constants du Roi, s'était relevée de ses désastres sous Louis XV et que les Anglais ne pouvaient plus réclamer la prépondérance sur l'élément liquide.

La France et l'Angleterre éprouvèrent un égal enthousiasme car dans les premiers jours on s'accorda de part et d'autre le succès, mais les incidents de la journée du 27 juillet étant mieux connus, les Anglais eurent une amère désillusion. — Les amiraux Keppel et Palliser furent même traduits devant une cour martiale qui fut sur le point de les sacrifier comme l'amiral Byng à la fureur populaire.

M. Palliser qui avait vivement critiqué les manœuvres de l'amiral Keppel fut seul privé de ses titres et dignités.

En France on fut sévère pour le duc de Chartres et les capitaines des vaisseaux de tête de l'escadre bleue qui avaient fait échouer la manœuvre décisive de notre général. — Le duc de Chartres, qu'on accusait faussement de s'être caché à fond de cale pendant le combat, fut tourné en ridicule et obligé d'échanger bientôt son titre d'Inspecteur Général de la Marine contre celui de Colonel Général des Houzards. — On fit paraître un portrait de lui costumé en marin au bas duquel on lisait : « *Mare vidit et fugit.* » On disait que M. de Lamotte-Piquet, son capitaine de pavillon, indigné de sa lâcheté lui avait apporté des pistolets en lui donnant le conseil de se brûler la cervelle et que le duc était tombé en pamoison.

Quinze ans plus tard, alors que le duc de Chartres était devenu l'infâme Philippe-Égalité et avait été envoyé à Marseille avant d'avoir subi la peine due à ses crimes, sa conduite à Ouessant inspira le couplet suivant :

Toujours sur l'humide élément
D'Orléans a fait merveille,
Et le grand vainqueur d'Ouessant
Va, dit-on, ramer à Marseille.
Rendez grâce à la Liberté
Qu'il va porter sur nos galères ;
Un amant de l'Égalité
N'y peut rencontrer que des frères.

Pour tous ceux qui ont assisté à cette rencontre, les officiers incriminés, le duc de Chartres compris, et certes je ne suis pas suspect de partialité en faveur de ce dernier, avaient bravement fait leur devoir ; aussi lorsque M. de Sartines voulut faire passer devant le conseil de guerre MM. de la Cardonnie, de Monteil, de Briqueville et de Beaussier, capitaines des vaisseaux de tête, ainsi que MM. de Rochechouart et de Trémigon, capitaines des deux vaisseaux qui s'étaient égarés, M. le comte d'Orvilliers s'y opposa énergiquement en faisant observer avec raison que si l'escadre bleue n'avait pas obéi aux signaux, c'est qu'elle n'avait pu les voir au milieu de la fumée et que dans toute escadre nombreuse de pareilles erreurs se produisent et se produiront toujours.

M. de Sartines se rangea à l'avis de l'amiral et renonça à sévir ; cependant M. de la Cardonnie fut démonté de son commandement ; il fut replacé l'année suivante et se couvrit de gloire dans l'escadre de M. de Guichen.

Le tableau comparatif de la force des deux armées fera ressortir encore mieux l'éclat dont nos armes brillèrent en ce combat, par la supériorité numérique et matérielle dont eurent à triompher nos vaisseaux.

Ordre dans lequel ont combattu les deux armées :

Armée française.	Armée anglaise.
ESCADRE BLEUE.	AVANT-GARDE.
Diadème, DE LA CARDONNIE, 74.	A. *Queen,* HARTLAND, 90.
Conquérant, DE MONTEIL, 74.	*Sandwich,* EDWARS, 90.
Solitaire, DE BRIQUEVILLE, 74.	*Shrewsbury,* ROST, 74.
Intrépide, DE BEAUSSIER, 74.	*Terrible,* BECKERTOX, 74.
A. *Saint-Esprit,* { DUC DE CHARTRES, DE LA MOTTE-PIQUET, } 80.	*Thunderer,* WALSHINGHAM, 74.
	Vengeance, CLEMENTS, 74.
Zodiaque, DE VÉZINS, 74.	*Valiant,* GOWER, 74.
Rolland, DE L'ARCHANTEL, 64.	*Vigilant,* KINGSMILL, 74.
Robuste, DE GRASSE, 74.	*Worcester,* ROBINSON, 74.
Sphynx, DE SOULANGES, 64.	*Stirling-Castle,* DOUGLAS, 74.

ESCADRE BLANCHE.

Artésien, DES TOUCHES, 74.
Orient, HECTOR, 74.
Actionnaire, DE CROISSY, 74.
Fendant, DE VAUDREUIL, 74.
A.G. *Bretagne*, { D'ORVILLIERS, } 100.
{ DU PAVILLON, }
Magnifique, DE BRACK, 74.
Actif, D'ORVES, 74.
Ville-de-Paris, DE GUICHEN, 90.
Réfléchi, DE CILLART, 74.

ESCADRE BLANCHE ET BLEUE.

Vengeur, D'AMBLIMONT, 74.
Glorieux, DE BEAUSSET, 74.
Indien, DE LA GRANDIÈRE, 74.
Palmier, DE RÉALS, 74.
A. *Couronne*, { DU CHAFFAULT, } 80.
{ DE KERMADEC, }
Bien-Aimé, D'AUBENTON, 74.
Éveillé, DE BOTDÉRU, 64.
Amphion, DE TROBRIANT, 50.
Dauphin-Royal, DE NIEUIL, 70.

HORS LA LIGNE.

Triton, DE LIGONDÉS.
Saint-Michel, DE GENOUILLY.
Fier, DE BREUIL.

TOTAL : 1,934 canons et 27 vaisseaux.

CORPS DE BATAILLE.

A.G. *Victory*, { A. KEPPEL, } 100.
{ FAEKNER, }
Duke, BRERETON, 90.
Berwick, STEWART, 74.
Camberland, PEYTON, 74.
Courageux, MILGRAVE, 74.
Centaur, CROSBY, 74.
Egmont, ALLEN, 74.
Elizabeth, MAITLAND, 74.
America, LONGFORD, 74.
Bienfaisant, BRIDE, 74.

ARRIÈRE-GARDE.

Defiance, GOODALL, 74.
Exeter, MOORE, 74.
A. *Formidable*, PALLISER, 90.
Océan, LAFOREST, 90.
Prince-Georges, LINDSAY, 90.
Foudroyant, JERVIS, 80.
Hector, HAMILTON, 74.
Monarch, ROWLEY, 74.
Ramillies, DIGBY, 74.
Robuste, HOOD, 74.

TOTAL : 2,288 canons et 30 vaisseaux.

La différence en faveur des Anglais était donc de 354 canons et encore je compte de notre côté l'*Amphion*, vaisseau de 50, qui ne peut, à aucun égard, être réputé vaisseau de ligne ; les Anglais avaient par suite une grande supériorité sur nous, mais ce qui faisait surtout leur avantage, c'était la masse de leurs vaisseaux à trois ponts, l'épaisseur de leur bois et l'élévation de leur troisième batterie, avec laquelle ils dominaient la dunette de nos petits vaisseaux.

Si l'on considère ensuite combien la brise était ferme le jour du combat et que nos batteries étaient à fleur d'eau, pour la raison que notre armée combattait au vent, que les batteries anglaises étaient élevées par la raison contraire, on concevra facilement que les forces de la ligne anglaise surpassaient de près d'un tiers celles de la ligne française. Il ne fallait donc pas moins qu'une évolution hardie, bien combinée et exécutée à point, pour surprendre les ennemis au milieu d'un mouvement et les battre en détail avec 21 vaisseaux seulement, car le surplus des nôtres avait reçu l'ordre de prendre les amures à basbord au plus près par un mouvement successif, ce qui nécessairement les mit hors de mesure et les priva de combattre ; on se rappelle que notre général réservait ces mêmes vaisseaux pour composer la tête de sa ligne lorsque notre armée aurait repris les amures à stribord. J'ai pris la liste des vaisseaux anglais dans les pièces du procès de l'amiral Keppel, et la force de chaque vaisseau sur la liste de la marine anglaise publiée en 1778, et que j'ai sous les yeux.

Quant aux vaisseaux de l'armée française, il ne peut s'élever aucun doute sur l'état que j'en donne, puisque le livre de loch du *Victory*, produit au procès, fait foi sur trente vaisseaux, parmi lesquels on compte seulement 26 vaisseaux de ligne dont un de 70, neuf de 64, un de 50 qu'on plaça dans la ligne, mais qui ne put pas y tenir, et enfin trois autres petits vaisseaux plus faibles encore qui, pour cette raison, furent mis sur les ailes afin d'y remplir l'office des frégates.

Les deux armées avaient aussi des cutters, lougres, corvettes et frégates destinés à porter les ordres ; celle d'Angleterre avait deux brûlots, nous n'en avions pas. Parmi les gros vaisseaux de notre armée, deux seulement étaient à trois ponts, les Anglais en avaient sept. Pour se défendre contre ses accusateurs et particulièrement contre M. Palliser, l'amiral Keppel, dans son procès, prétendit nous avoir battu ; l'amiral d'Orvilliers publia la réponse suivante :

« ... Je n'ai aucun sujet de suspecter ni de vanter la valeur de l'amiral Keppel ; j'ai regardé avec assez d'indifférence, mais pourtant comme une indignité, le procès qu'on lui a intenté ; j'ai même souhaité que le conseil de guerre le fît triompher de ses accusateurs. J'avoue que mes vœux eussent été plus vifs si je lui avais connu plus de respect pour la vérité, mais jamais on ne s'en est joué avec moins de retenue, je dirai même avec plus de hardiesse ;

il en faut une en effet bien supérieure pour avancer des faits que soixante mille témoins peuvent contredire. Ce nombre combiné de Français et d'Anglais a vu que l'armée de France a non seulement offert un second combat aux Anglais, mais encore qu'elle les y a invités par des coups de canon tirés sur eux ; que la nuit elle a allumé tous ses feux ; qu'à onze heures du soir l'armée anglaise éteignit tous les siens ; alors le vent ayant adonné de deux quarts et le comte d'Orvilliers s'apercevant que son avant-garde ne tenait pas le vent, lui fit faire le signal de le pincer ; que ce signal a été fait et répété avec des canons et des fusées. C'est d'après ces faits bien aperçus par soixante mille témoins que je viens de citer, que l'amiral Keppel se permet d'avancer qu'il a battu l'armée française et l'a forcée à la retraite. Cette assertion est de la force de celle où l'amiral Keppel prétend que le brouillard lui déroba la vue de sa propre manœuvre lorsque sa flotte a reviré tout ensemble et couru largue sur *lui-même*. Il est sans doute bien extraordinaire que ces ténèbres n'aient obscurci que la vue du seul amiral Keppel et que les yeux de ce grand nombre de témoins n'en aient pas été affectés. Toutes les assertions de l'amiral Keppel dans ses récits différents depuis la rencontre des deux armées sont du même genre. Vous pouvez vous en convaincre par les dépositions des Anglais de bonne foi ; je sais qu'il en est un grand nombre auxquels je dois et donne mon estime.

« *Signé :* D'ORVILLIERS.

    « Brest, 21 mars 1779. »

J'ai cru devoir entrer dans ces longs détails, car le combat du 27 juillet 1778 passionna l'opinion publique tant en Europe qu'en Amérique, et souleva des polémiques ardentes. Jusqu'alors la marine anglaise avait été considérée comme invincible, son échec à forces très supérieures lui enleva une partie de son prestige, inspira une nouvelle confiance à nos marins et encouragea l'Espagne à se déclarer.

CHAPITRE IV

Après avoir été réparée, la *Belle-Poule* reçut l'ordre de prendre la mer avec une division composée du *Vengeur*, commandé par M. d'Amblimont, et de la *Sensible*, aux ordres de M. de Marigny. M. de la Clocheterie ayant conservé le commandement de la *Belle-Poule*, voulut bien me reprendre à son bord.

Notre division sortit de Brest le 24 septembre 1778, et dès le lendemain notre frégate s'empara du *César*, corsaire de 12 canons, 18 pierriers et 60 hommes d'équipage, commandé par le capitaine Norton ; le combat fut assez vif et l'Anglais n'amena son pavillon qu'après avoir vu la moitié de son monde hors de combat.

Le 28, le *Vengeur* prit le *Saint-Piltre*, corsaire de 150 hommes d'équipage qui la nuit précédente avait amariné l'*Aquilon*, du port de Nantes et venant du Bengale ; à cause de la richesse de la cargaison, le *Vengeur* et la *Belle-Poule* l'escortèrent jusqu'à Lorient où nous fûmes rejoints par la *Sensible* qui ramenait aussi une riche prise portant 18 canons. Le 13 octobre, avec le *Vengeur*, nous chassâmes le *Berwick* de 74, mais ayant forcé de voiles malgré un temps à grains, nous démâtâmes de notre grand mât de hune, ce qui nous força à lever la chasse.

Le 14, nous prîmes deux baleiniers et le 15 un grand brick de 14 canons de 6, 18 pierriers et 72 hommes d'équipage. — Ce corsaire, qui était de Guernesey, avait causé de grands dommages à notre commerce ; ses lettres de marque étant fausses, comme du reste celles de presque tous les corsaires des îles normandes, il fut traité en pirate et l'équipage pendu.

Le 20 novembre nous étant séparés du *Vengeur* pendant une forte brume et notre mâture de fortune n'étant pas solide, M. de la Clocheterie prit le parti de rentrer à Brest où nous arrivâmes le 25 novembre. En débarquant M. de la Clocheterie trouva son brevet de capitaine du vaisseau *le Triton* et partit avec moi pour Paris remercier le ministre, à qui il voulut bien me présenter, et témoigner avantageusement de ma conduite dans les divers combats que nous avions eus, particulièrement à celui de l'*Arethusa*.

Le ministre me complimenta de mon zèle et m'accorda la faveur d'embarquer comme officier volontaire à bord du *Triton*. Tenant encore au service de terre, je demandai aussi l'agrément du ministre de la guerre qui me l'accorda sans difficulté.

Je quittai Paris le 11 mars 1779 avec M. le comte de Sérans, ancien mousquetaire, qui embarquait aussi comme officier volontaire sur le *Triton*. Étant arrivé à Brest le 14, M. de la Clocheterie me présenta aux généraux et me fit avoir mon ordre d'embarquement que je retrouve avec émotion dans mes papiers.

« Pierre, Bernardin de Tiéry, marquis de la Prévalaye, chef d'escadre des armées navales, commandant de la marine à Brest :

« Il est ordonné à M. le chevalier de Villebresme de s'embarquer sur le vaisseau *le Triton* commandé par M. de la Clocheterie, capitaine de vaisseau, en qualité d'officier volontaire pour y suppléer au petit nombre des gardes de la marine.

« Brest, le 17 mars 1779. »

PRÉVALAYE.

L'état-major du *Triton* était ainsi composé : M. de la Clocheterie, capitaine ; MM. d'Isle de Beauchêne et de Saint-Pierre, lieutenants ; de Sercey, de Boischâteau, de la Roche-Kerandraon et de Moriès, enseignes ; Bouvet, lieutenant de frégate ; d'Amart et Rouillard, officiers auxiliaires ; Royalin, enseigne surnuméraire ; Lidonne, lieutenant au régiment de Turenne ; d'Ouessant et de Bastrat, gardes de la marine ; le comte de Sérans et le chevalier de Villebresme, officiers volontaires ; le Père Menou, carme, aumônier ; Coulon, chirurgien-major ; l'équipage était de 669 hommes.

Comme on le voit, l'état-major du *Triton* comptait plusieurs officiers que j'avais connus sur la *Belle-Poule* et avec lesquels je fus enchanté de me retrouver.

Lorsque j'arrivai à Brest, j'appris que le jour de mon départ de Paris notre vieille connaissance l'*Arethusa* avait définitivement terminé sa carrière. Le 11 mars au soir et par mauvais temps, M. de la Bretonnière, capitaine de l'*Aigrette,* qui rentrait à Brest, rencontra dans l'Iroise une frégate anglaise qu'il attaqua immédiatement. Cette frégate, qui n'était autre que l'*Arethusa,* craignant sans doute que le bruit du combat n'attirât d'autres adversaires, serra le vent et chercha à s'échapper, mais, mal pilotée, elle alla s'échouer sur le Diamant et fut démolie par la mer. L'*Aigrette* sauva l'équipage qui fut traité avec les égards dus au malheur. En apprenant ce fait, je chargeai un pêcheur de me procurer des débris dont je fis fabriquer quelques menus objets que j'offris à M. de la Clocheterie et à mes anciens camarades de la *Belle-Poule ;* ce que je conservai de ces souvenirs me fut volé par les Carmagnoles pendant la Révolution et cette perte me causa un véritable chagrin.

Notre division, composée du *Triton,* du *Bien-Aimé* et de la *Sibille,* quitta Brest le 27 mars 1779 à cinq heures du matin par joli frais de Nord-Est. Nous étions chargés de convoyer jusqu'au cap Finistère le *Sévère* de 64, chargé en guerre et marchandises pour le Roi, les *Bons-Amis,* l'*Hercule* et la goélette *la Mouche* armés par des commerçants de Nantes pour l'Inde. A part quelques prises de navires marchands, notre navigation ne présenta rien d'intéressant jusqu'au 5 avril où, étant sous le cap la Roque, le commandant donna congé au convoi et brûla les prises qui ne pouvaient nous suivre.

Le 11 avril, nous chassâmes plusieurs bâtiments qui se firent reconnaître pour hollandais ; mais, trompés par le pavillon anglais que nous avions, ils nous amenèrent 38 prisonniers anglais que leur avait remis un corsaire américain qui croisait sous le cap Saint-Vincent. Ces prisonniers furent bien déconcertés en voyant qu'au lieu de compatriotes ils trouvaient des ennemis, mais ils se rassurèrent quand ils virent que M. de la Clocheterie ne voulait pas les prendre. Nous étions alors par 41°35′ de latitude et 16°39′ de longitude.

Du 12 au 16, tout en faisant route, nous essayâmes notre marche avec la *Sibille* et le *Bien-Aimé*, ce dernier ramassa les balais. Le 23, un coup de vent se déclara en vue de Belle-Ile ; ne pouvant doubler les Glénans, le commandant se décida à mouiller sur la rade de Groix. Nos deux ancres chassèrent et nous tombâmes sur un navire hollandais dont le beaupré fut cassé. Pendant notre séjour à ce mouillage, la maladie qui était dans l'équipage augmenta beaucoup et il fallut envoyer 84 malades aux hôpitaux de Lorient ; la *Sibille* fut encore plus maltraitée.

La rade de Groix est foraine et on y serait en danger par mauvais temps si on n'avait la ressource de se réfugier au Port-Louis ; le mouillage est semé d'ancres qu'on a la négligence de ne pas faire enlever et qui raguent les câbles les plus solides. J'allai plusieurs fois chasser et me promener sur l'île de Groix qui a environ trois lieues de circonférence ; on n'y voyait que quelques misérables hameaux et un mauvais fortin armé de huit pièces de canons de différents calibres, plus un mortier non monté. Les traces des retranchements en terre faits pendant le siège de Belle-Ile étaient encore visibles et garnis d'environ trente canons de fer sans affûts. L'île, assez bien cultivée, payait 18,000 livres à M. le prince de Soubise, son seigneur, mais la grande ressource des habitants, tous pêcheurs et excellents marins, était la pêche des maquereaux et des sardines très abondants dans ces parages.

Je fis aussi plusieurs voyages à Lorient qui était l'entrepôt de toutes les marchandises de l'Inde ; dans le port on radoubait deux vaisseaux de 64 et trois beaux corsaires américains.

Au retour de mon premier voyage à Lorient, où j'étais allé avec plusieurs officiers, le temps, qui était devenu très mauvais, nous força à relâcher à bord du *Caton*, en rade du Port-Louis ; on nous conduisit à une très belle fête donnée par le capitaine du *Destin* à M. le prince de Guéménée et on fit mille aimables instances pour nous engager à rester le lendemain, mais, comme nous étions partis dans un pêcheur de Groix sans permission, il ne nous fut pas possible d'accepter ; notre retour ne se fit pas sans danger, car la mer était démontée et il ventait à tous ris.

Une autre fois, notre bateau chavira dans un grain entre Lorient et le Port-Louis ; par un malheureux hasard, mon camarade Sérans eut le bras démis ; comme je nageais fort bien, je pus le soutenir jusqu'à ce qu'on nous eût envoyé du secours du *Caton*; nos matelots s'étaient cramponnés à des avirons et à des planches, de sorte que personne ne se noya. Un médecin de Lorient raccommoda le bras de mon ami, et le lendemain, profitant d'une embellie, nous retournâmes à bord où le bruit de notre mort s'était répandu je ne sais comment.

Le 8 mai, à trois heures du matin, le commandant donna l'ordre de désaffourcher et, à cinq heures, celui d'appareiller; à peine sous voiles le temps redevint mauvais; il fallut mettre à la cape pendant douze heures et nous n'arrivâmes à Brest que le 10 à cinq heures du soir. Au lieu de mouiller en rade avec l'escadre qui s'y trouvait, on nous fit entrer dans le port pour changer notre grand mât, qui était éclaté, et faire quelques autres réparations.

J'en profitai pour m'établir à terre jusqu'au 1er juin, jour où tout le monde avait ordre de coucher à bord, l'escadre devant appareiller dès que les vents seraient favorables.

Le 12 mai, le *Destin*, le *Caton*, l'*Atalante* et la *Magicienne*, venant de Lorient, arrivèrent sur rade ainsi que la *Gentille* qui ramenait un corsaire de 22 canons qu'elle avait capturé.

CHAPITRE V

En quittant Lorient, nous avions appris que l'Espagne, poussée à bout par les exactions des Anglais et mise en demeure par le Roi d'exécuter les clauses du pacte de famille, s'était décidée à prendre part à la guerre et que MM. de Montmorin et de Florida Bianca, plénipotentiaires de France et d'Espagne, avaient signé à Aranjuez un traité d'Alliance offensive et défensive. En cas de succès et au moment de la paix, les deux alliés devaient s'entendre pour modifier les articles du traité d'Utrecht, qui leur étaient préjudiciables. En même temps, les deux gouvernements projetèrent une descente en Angleterre qui devait être préparée et favorisée par une escadre capable de repousser l'escadre de l'amiral Hardy, qu'on disait de quarante vaisseaux. Craignant que ce dernier ne bloquât Brest et ne s'opposât à la réunion des flottes française et espagnole, M. de Sartines ordonna à M. le comte d'Orvilliers de prendre la mer et d'aller attendre nos alliés sur la côte d'Espagne ; ce fut une grande faute. Il eût été bien préférable de faire venir les Espagnols à Brest ou, tout au moins, de ne sortir qu'après leur départ de Cadix. On devait en effet prévoir que, suivant leur habitude, ils ne seraient pas prêts et que nous aurions à les attendre longtemps au point de réunion ; de plus, à cette époque de l'année, les petites brises du Nord qui règnent généralement dans le golfe de Biscaïe, permettent d'aller vent sous vergue en Espagne, mais le retour exige souvent un mois. En donnant rendez-vous aux Espagnols dans les parages d'Ouessant, nous n'aurions pas inutilement épuisé nos vivres et nos équipages, de sorte qu'en entrant dans la Manche, nous aurions été dans les meilleures conditions pour exécuter la descente projetée en Angleterre. Il semble écrit que les tentatives contre notre éternelle ennemie ne doivent jamais réussir.

Au moment d'appareiller, il manquait quatre mille matelots sur les prévisions, ce qui mit notre général dans un grand embarras ; pressé par le ministre, il fut obligé de désarmer ses plus mauvais vaisseaux, quelques frégates et d'embarquer deux mille soldats ; nos équipages se trouvèrent ainsi à peu près au complet comme nombre, mais ils laissaient beaucoup à désirer comme qualité. La formation des états-majors pour un armement aussi considérable présenta aussi de grandes difficultés, mais on arriva cependant à un résultat satisfaisant en levant un bon nombre d'officiers auxiliaires, peu ou point habitués, il est vrai, à la manœuvre et à la discipline des vaisseaux de guerre, mais capables cependant de remplir les emplois secondaires.

Le 3 juin 1779, à deux heures après midi, l'amiral d'Orvilliers fit le signal d'appareillage, qui fut exécuté à trois heures ; mais l'arrière-garde n'ayant pu trouver le temps avant la nuit de suivre le mouvement, on mouilla dans la rade de Berthaume et l'armée ne franchit le goulet que le lendemain. Jusqu'au 10, elle fit route sur trois colonnes ; ce jour-là, par 44°58′ de latitude et 11°14′ de longitude, l'*Inconstante* prit un corsaire de 14 canons et 63 hommes d'équipage. La terre étant en vue le soir, le général fit chasser au vent stribord amures et sans ordre.

Le 12, M. le comte d'Orvilliers appela à son bord les commandants, leur donna les détails de l'opération projetée et leur apprit que nous croiserions dans les mêmes parages jusqu'à ce que quarante vaisseaux espagnols fussent sortis du Ferrol et de Cadix pour nous joindre. En les attendant, nous devions évoluer. L'armée ne devait point relâcher ; plusieurs raisons qu'on ignore avaient fait donner à ce sujet des ordres rigoureux.

Ces nouvelles répandirent la plus grande joie parmi l'équipage, qui voyait déjà le vaisseau embossé sous la Tour de Londres, mais beaucoup d'entre les officiers ne se faisaient aucune illusion sur les difficultés de réunir deux armées si éloignées, surtout avec la lenteur bien connue des Espagnols. Le soir on releva l'île Sisarga au S.-S.-O.

Je ne parlerai pas des évolutions qu'on fit du 13 au 25 ; ces détails rendraient mon récit fastidieux.

Le 27, les vaisseaux *la Victoïre* et *la Bretagne* venant de Toulon
nous rallièrent, après avoir été nous chercher à Brest, pensant
encore y trouver l'armée ; en dernier lieu, ils sortaient de la Corogne, où ils avaient vu la division espagnole, dont le commandant,
M. le comte d'Arceï, refusait de sortir tant que nous ne serions pas
en vue. Du 28 juin au 1er juillet, même situation et beaucoup d'im-
patience, d'autant que l'eau et les vivres frais commençaient à faire
défaut ; enfin, le 2, on aperçut huit vaisseaux et deux frégates qui
sortaient de la Corogne, formés en bataille ; ayant couru sur eux,
notre armée se déploya aussi sur la ligne du vent. Le lendemain,
l'amiral espagnol vint saluer notre général et, dès qu'il eut rejoint
son bord, l'armée se forma sur trois colonnes, le cap à l'Ouest, les
Espagnols suivant de loin et sans beaucoup d'ordre. Le 3, le mauvais temps nous força à aller chercher un abri sous le cap Ortégal.
Le 4, M. de la Clocheterie me donna l'ordre d'aller avec le cutter
le Mutin chercher des bœufs à la Corogne, où nous arrivâmes le
soir. Ayant embarqué le plus possible de ces animaux, nous reprîmes la mer avec des vents faibles de l'Ouest ; le 6 au soir, un corsaire anglais nous donna la chasse et nous envoya un boulet qui
perça notre grande voile. L'encombrement de notre pont ne nous
permettait pas de combattre et le capitaine paraissait disposé à se rendre, quand je lui fis observer que nous pouvions au moins essayer
de nous défendre ; s'étant rangé à mon avis, on prit les bœufs par la
queue et par la tête et on les jeta à l'eau ; en un clin d'œil le pont fut
libre et tout le monde paré. Le corsaire nous croyant incapables de
résister avait commis la faute de se placer sous le vent ; aussi un
coup de barre nous permit de tomber sur lui, d'engager notre beaupré dans ses haubans de stribord et de sauter sur son pont en moins
de temps qu'il n'en faut pour l'écrire. La partie n'était pas encore
gagnée, mais les affaires prenaient une meilleure tournure. Nous
fûmes reçus par une *volée* de coups de fusils et de pistolets qui
n'arrêta pas notre élan, bien que plusieurs des nôtres fussent tués

ou blessés ; les Anglais se réfugièrent à l'arrière et nous ne pouvions parvenir à les entamer, quand ils eurent la bonne idée de
nous charger ; ce fut leur perte, quatre des nôtres, qui étaient restés sur le *Mutin*, les prirent par derrière et semèrent le trouble
dans leurs rangs. A ce moment, le capitaine anglais se précipita
sur moi, me manqua d'un coup de pistolet que j'évitai en me
jetant de côté et, avant qu'il eût pu saisir une autre arme, je lui
passai mon épée au travers du corps. La mort de leur capitaine dé-
couragea les Anglais qui ne firent plus qu'une faible résistance,
puis se rendirent.

L'affaire terminée, on enferma les prisonniers à fond de cale et
on s'occupa à repêcher les bœufs qui nageaient autour de nous en
poussant des beuglements lamentables ; ce ne fut pas une mince
besogne, mais nous parvînmes à en rembarquer le plus grand nombre en leur passant une drisse autour des cornes. Nous rejoignîmes l'escadre comme des triomphateurs, suivis de notre prise qui
s'appelait *le Horse* ; on rit beaucoup de notre aventure, qui nous
valut aussi quelques compliments, car vraiment nous nous étions
tiré d'un pas difficile. M. de la Clocheterie eut l'aimable attention
de faire suspendre dans ma soute le pavillon de la prise, à quoi je
fus très sensible.

Le 11 juillet, on apprit qu'à notre départ de Brest, nous avions
manqué une escadre anglaise qui avait passé à dix lieues de nous
et que le *Jupiter*, vaisseau anglais de 74, ayant voulu prendre un
gros bâtiment du convoi de M. de Lamotte-Piquet, la frégate de 32
la Blanche, commandée par M. de la Gallissonnière, l'avait joint au
moment où il l'amarinait, lui avait tué son second, blessé grièvement son capitaine et l'avait contraint à se réfugier à Lisbonne,
après avoir abandonné sa prise ; qu'enfin, la frégate *la Pourvoyeuse*
avait capturé sous le cap de Bonne-Espérance un bâtiment anglais
de six millions.

Le 12, la *Gentille* coula sous le cap Finistère un grand corsaire
anglais.

Le 14, le bruit courut que M. d'Arcei avait été démonté de son commandement pour n'être pas sorti en même temps que nos deux vaisseaux.

Le 16, le général nous donna l'ordre d'aller à la Corogne pour faire de l'eau et du lest dont nous avions besoin; nous mouillâmes à l'entrée de la rade vers trois heures et à côté de l'*Hercule*, qui nous avait précédés. Après dîner, nous descendîmes à terre et trouvâmes le consul qui, fort aimablement, nous attendait sur le port. Il nous conduisit chez le gouverneur de Gallice et chez l'archevêque de Compostelle, qui nous reçurent le mieux du monde et nous firent faire une chère excellente ou, du moins, qui nous parut telle, malgré l'ail et les oignons qui y étaient prodigués; cela valait toujours mieux que les salaisons pourries et l'eau empoisonnée des vaisseaux. Le gouverneur de Galice nous dit qu'effectivement M. d'Arcei avait été démonté, mais qu'il venait d'arriver des ordres pour le rétablir.

Pendant les trois jours que dura notre relâche, je me promenai beaucoup dans la ville et ses environs, bien que je fusse obsédé des cris continuels de : « Vive France ! » que poussaient les populations et les soldats quand ils nous apercevaient; c'était devenu pour nous un véritable cauchemar.

Si j'avais eu plus de temps, je serais allé à Saint-Jacques-de-Compostelle, dont la fête était le 25 et où l'archevêque m'avait offert des logements dans son palais. Nous laissâmes à terre dix-huit malades et deux matelots volontaires qui désertèrent.

La baie de la Corogne est fort belle et bien abritée; l'air y est très sain et nos convalescents s'y rétablirent promptement. On s'occupa jour et nuit de faire 90 tonneaux d'eau à un petit ruisseau, du côté de la baie de Betanzos, et 27 tonneaux de lest de pierres; on embarqua aussi cinq bœufs pour nous et trente pour l'armée avec quantité de légumes et de paille.

L'*Hercule*, qui était notre commandant, fit signal d'appareiller le 20 au matin; le 21, nous ralliâmes l'armée qui était à la cape.

On ne savait trop à quoi attribuer le retard de la flotte de Cadix, qui causait des inquiétudes réelles, quand, le 22, nos frégates

signalèrent trente-six voiles qui apparurent bientôt formées en bataille ; c'était enfin l'armée espagnole sous le commandement de
son Excellence Dom Louis Cordova, lieutenant-général; il salua le
pavillon et notre général rendit le salut. Nous ne pûmes communiquer que très difficilement, vu les vents forcés et une mauvaise
mer. Le major de notre escadre alla à bord de Dom Cordova pour
lui communiquer la tactique et nos signaux, ce détail si important
ayant été négligé ou oublié par les ministres de France et d'Espagne.

En nous apercevant, l'escadre espagnole croyait avoir devant elle
l'armée anglaise, car un navire hollandais lui avait dit que nous
étions plus dans l'Est ; c'est pour cela que nos alliés étaient formés
en ligne de bataille et avaient fait le branle-bas de combat dès qu'ils
avaient vu nos frégates.

Cette réunion attendue si impatiemment étant opérée heureusement, nous pouvions espérer que si les vents nous favorisaient, la
campagne ne serait pas manquée. Le 25, les Espagnols de Cadix se
tenaient à trois lieues au vent à nous et ceux de la Corogne entre
les deux armées, un peu de l'arrière. Le 26, Dom Louis Cordova
suivi de son escadre arriva vent arrière sur nous et se mit en panne
à deux portées de canon, manœuvre que nous imitâmes. L'amiral
espagnol alla à bord de notre général et arrêta avec lui les dispositions suivantes. L'armée combinée fut composée de cinquante
vaisseaux et commandée par M. le Comte d'Orvilliers ; l'escadre
d'observation de seize, aux ordres de Dom Cordova ; enfin cinq
vaisseaux formèrent l'escadre légère sous le commandement de
M. de Latouche-Tréville ; nous fûmes désignés pour faire partie de
cette dernière. Cette combinaison préparée par les gouvernements
alliés sauvegardait l'amour-propre de Dom Cordova qui, d'après les
règlements, aurait dû avoir le commandement ; cela ne l'empêcha
pas de faire preuve parfois d'une mauvaise humeur qui causa
quelques difficultés.

Le soir, une forte canonnade se fit entendre ; l'amiral fit serrer
le vent et forcer de voiles, ce qui nous amena rapidement sur le

lieu où la *Concorde* venait d'amariner après un combat très vif un corsaire de 28 canons et 130 hommes d'équipages.

Le 29, l'armée se forma sur trois colonnes et fit route pour la Manche, l'escadre légère chassant au vent ainsi que les frégates, avec ordre de fouiller et de vérifier les bâtiments neutres.

Du 4 au 8 août, l'escadre légère escorta l'*Inconstante* et l'*Espiègle* jusqu'à Ouessant, où ces navires portaient des dépêches ; nous devions aussi ramener un convoi de ravitaillement qui nous était annoncé mais ne parut pas. En revenant de remplir notre mission nous donnâmes la chasse à deux frégates anglaises, mais bientôt M. de Latouche-Tréville nous fit cesser la poursuite qui nous éloignait de notre route. Au moment où nous venions de rallier l'armée, un navire neutre annonçait à notre général que l'escadre anglaise était dehors et nous restait à environ vingt lieues dans le Nord-Ouest ; l'escadre légère reçut alors l'ordre de chasser à grande distance au vent afin d'empêcher l'armée anglaise d'avoir connaissance de la nôtre et d'être à même de l'examiner. A 9 heures nous prîmes basbord amures ainsi que l'armée qui s'était formée en bataille, mais nous étions fort au vent.

En vue d'Ouessant, l'escadre française qui tenait la mer depuis deux mois commençait à manquer de vivres et d'eau ; nous avions beaucoup de malades et le général avait donné l'ordre, si l'ennemi se présentait, de modifier la disposition du troisième plan pour les y loger.

Le fils de M. le comte d'Orvilliers, lieutenant de vaisseau à bord de la *Ville de Paris* et très aimé de tous ceux qui le connaissaient, succomba un des premiers ; son père qui l'aimait tendrement supporta cette perte avec la fermeté la plus admirable et écrivit au ministre : « Le Seigneur m'a ôté tout ce que j'avais dans le monde, mais il m'a laissé la force de terminer cette campagne et le plus grand désir que ce soit à votre satisfaction. Mon fils est mort pour le service du Roi ; si c'est une immense douleur pour moi, c'est un grand honneur que Dieu lui a fait. »

L'armée entière s'associa à la cruelle épreuve de M. le comte d'Orvilliers, dont les rares qualités et l'esprit chevaleresque étaient connus de tous.

Le 9 août, un petit bâtiment biscaïen qui avait été retenu en Angleterre lors de la déclaration de guerre et avait obtenu un passeport de l'amirauté par le moyen de quelques guinées, nous dit qu'il avait rencontré l'armée anglaise sous Star Point et qu'elle comptait 52 voiles ; il nous dit aussi que les Anglais savaient que l'armée combinée était de 72 voiles, qu'ils craignaient beaucoup une descente et qu'ils avaient fait enlever de la côte les bestiaux et objets de consommation pour les transporter dans l'intérieur des terres. M. de Latouche-Tréville nous envoya porter ces nouvelles au général, mais plusieurs autres navires lui avaient déjà fait la même déposition. Jusqu'au 14, le calme nous empêcha de faire route, ce qui nous désola, car nous avions le plus grand besoin de rafraîchissements ; le nombre des malades augmentait dans des proportions effrayantes et on en était arrivé à ne plus savoir où les mettre ; pour notre part nous en avions 107. Enfin, le 15 août, un joli frais de S.-O. gonfla les voiles et ranima les courages ; les frégates aperçurent plusieurs navires, mais la brume ne permit de reconnaître ni leur nombre ni leur qualité. Le soir la brume s'étant dissipée on aperçut la côte anglaise, le cap Lisard au N.-N.-E. et le cap Cornwal au N. 1/4 N.-O. ; de ce dernier on apercevait facilement les deux tours briquées jusqu'aux deux tiers et le reste blanchi.

Le 16, l'armée en trois colonnes fila près de terre et ramassa plusieurs bâtiments marchands ; devant nous on distinguait des vaisseaux et des frégates qui fuyaient à toutes voiles ; à 4 heures, un grand cutter hissa pavillon anglais et l'assura d'un coup de canon ; il était trop visible que son intention était de nous attirer sur des roches ; on se garda bien de lui donner satisfaction.

Le 17, le calme nous obligea à mouiller ; Sercey alla à bord de la *Bretagne* et nous rapporta à son retour qu'on voyait les Anglais mouillés à Torbay et que si le lendemain les vents étaient favorables on doublerait Star Point pour attaquer l'ennemi à son mouillage ; dans ce cas, l'escadre légère devait aller au Havre et à Saint-Malo chercher le convoi de troupes destinées à la descente.

Sercey nous apporta aussi des instructions de pilotage touchant les marées de la Manche, les mouillages, etc., car il est bon de dire que les Espagnols et quantité de nos vaisseaux n'avaient aucun pilote pratique de ces parages, quoiqu'on eût promis d'en fournir. Cette négligence du ministre pouvait avoir les plus graves conséquences et nous forçait à prendre de grandes précautions sur ces côtes remplies d'écueils ; un officier de Marseille exprimait avec son accent plaisant et intraduisible son impression qui provoquait nos rires : « Cet-te mer, voyez-vous, ce n'est pas la Mint-che et le général-le s'est trompppé ; roches devint, roches derrière, roches stribord, roches basbord, c'est sur-rement la faus-se Mint-che. »

A six heures, nous eûmes connaissance d'une flotte de l'autre côté et fort loin de Star Point et bientôt on sut que c'était l'armée anglaise qui appareillait. Le général immédiatement prévenu fît serrer les lignes, ce que la queue exécuta en se laissant dériver sur la tête ; la nuit se passa en branle-bas de combat. A trois heures, un joli frais d'Est s'étant élevé, l'armée appareilla et se forma en bataille stribord amures, notre division au vent et en avant de l'armée. A neuf heures, l'armée revira par la contremarche et notre escadre en fit autant. A onze heures, la brume qui avait été très épaisse toute la matinée se dissipa et nous laissa apercevoir un vaisseau en panne sous le vent ; la *Junon* le somma en vain de mettre son pavillon, lui passa à poupe et lui envoya sa bordée ; alors il sembla manœuvrer pour laisser arriver, mais vraisemblablement son équipage avait perdu la tête, car il n'orienta aucune de ses voiles ; il hissa cependant pavillon anglais et petit à petit fît de la toile. Pendant ce temps, les frégates la *Gentille* et la *Bellone* vinrent se joindre à la *Junon* et le harcelèrent en lui tirant leurs volées tantôt de l'avant, tantôt en poupe ; au bout d'un quart d'heure de ce régime, il parut se remettre, laissa arriver et envoya sa bordée dont je vis les boulets tomber à l'eau entre les frégates sans les toucher. Aussitôt après il força de voiles, courant tantôt au plus près, tantôt largue, les frégates le suivant et tirant toujours dessus ; nous n'y comprenions rien. Enfin M. de la Clocheterie se décida à se mêler de ce singulier combat, et manœuvra de façon à couper la route à l'anglais ; quand ce dernier vit que nous allions le prendre d'enfilade, et balayer son pont, il mit en panne et amena son pavillon à midi et demi. Ce vaisseau, qui aurait pu bien facilement aller se jeter à la côte, avait 520 hommes d'équipage et se nommait l'*Ardent*; son capitaine M. Buttler nous apprit qu'il venait de Portsmouth pour joindre l'armée anglaise qui était à Plymouth et que cinq vaisseaux bientôt suivis par quatre autres devaient se rendre à la même destination ; il ajouta que sur 900 hommes, parmi lesquels il avait eu à choisir pour faire son équipage il ne s'était rencontré que deux matelots. C'était peut-être exagéré, mais il est certain que nos prisonniers avaient l'air absolument affolés et ahuris.

On trouva à bord pour cinq mois de vivres à discrétion. Ce combat se passa à une lieue du phare d'Eddystone qui est un des plus remarquables édifices de ce genre. Il est construit à 5 lieues de Plymouth et à 3 lieues de la pointe de terre la plus avancée, sur un rocher constamment balayé par les lames ; il était donc extrêmement difficile de s'y établir et on considérait même ce projet comme irréalisable. Cependant un homme industrieux tenta l'aventure et réussit, après quatre ans d'efforts, vers le commencement du siècle, à ériger un phare à faces polygonales haut de cent pieds ; pendant les tempêtes, cet édifice avait de telles oscillations qu'aucun gardien n'y voulait rester ; l'architecte se riait de leurs terreurs et répétait que son désir serait de s'y trouver pendant un ouragan ; il fut servi à souhait. Un jour qu'il était à surveiller quelques travaux, une violente tempête se déclara et le lendemain la tour avait disparu sans laisser de trace sur le rocher. L'année suivante, le Parlement en ordonna la reconstruction qui exigea deux années ; la tour était cylindrique et entièrement en bois, mais en 1755 elle fut détruite par un incendie. On racontait que les gardiens poursuivis par les flammes avaient dû se réfugier sur le rocher et qu'ils avaient été tellement épouvantés que, sauvés par des pêcheurs et arrivés à terre, ils avaient pris leurs jambes à leur cou et oncques depuis on n'en entendit plus parler. Un seul qui avait reçu sur la tête une pluie de plomb fondu fut porté à l'hôpital. Bien que paraissant jouir d'un bon appétit, il demandait constamment qu'on lui enlevât le morceau de plomb qui se trouvait dans son estomac et qu'il avait dû avaler au moment où il avait été couvert de plomb fondu. Les médecins se moquaient de lui et le traitaient de vieux fou, mais le bonhomme étant mort d'indigestion, la Faculté éprouva le besoin de savoir ce qu'il y avait dedans : quelle ne fut pas la surprise des Diafoirus en trouvant dans l'estomac du défunt un morceau de plomb long et ovale adhérent à la chair. Je ne certifie pas l'authenticité du fait, j'affirme seulement qu'elle nous fut racontée, non par notre camarade Marseillais, mais par nos prisonniers qui la narraient tous de la même façon.

La tour qui existait en 1779 avait été commencée en 1757 et terminée en 1760 ; construite cette fois avec les plus grandes précautions, elle semble défier la fureur des éléments ; elle a une hauteur de cent pieds et malgré cela, dans les mauvais temps, les lames qui viennent se briser sur elle s'élèvent en une immense gerbe qui ne permet plus de l'apercevoir ; on dirait une énorme colonne d'eau et d'écume qui ressemble aux trombes qu'on voit parfois dans l'Océan.

Je reviens à mes moutons.

A trois heures et demie, le général signala à l'armée de passer de la ligne de combat à l'ordre des trois colonnes. Le soir, le soleil, semblable à une boule de feu, se coucha au milieu de vapeurs qui avaient une couleur grise particulière ; notre vieux maître d'équipage qui était de l'île Bréhat, et connaissait bien les pronostics à tirer des apparences du ciel dans la Manche, nous annonça un coup de vent prochain d'après le dicton de son pays.

> Coucher de soleil embrumé
> Bientôt vent d'amont enragé.

Sa prédiction ne tarda pas à se réaliser et l'armée fut obligée de se mettre à la cape jusqu'au 21.

Ce coup de vent de N.-E. nous rejeta en dehors de la Manche, après nous avoir causé de nombreuses avaries, notamment au *Protée* où le tonnerre avait brisé le grand mât et tué plusieurs matelots; l'équipage de ce vaisseau passa sur l'*Ardent* et on l'expédia se réparer à Brest après avoir mis à son bord un grand nombre de malades ; il partit sous l'escorte de l'*Espiègle* et du *Sénégal* avec l'*Actif* et le *Destin* dont les équipages frappés par la maladie ne pouvaient plus manœuvrer; ces deux vaisseaux allaient aussi à Brest.

Le 23, Sercey se rendit à bord de la *Couronne* pour dire à M. de Latouche-Tréville que nous n'avions plus que huit jours de biscuit; cent cinquante-quatre hommes étaient cependant sur les cadres et l'équipage avait été réduit de six onces par jour; la *Gloire* et la *Victoire* reçurent alors l'ordre de nous donner soixante quintaux de biscuit, c'est-à-dire de quoi vivre maigrement pendant quelque temps.

Jusqu'au 31 août, rien d'intéressant, mais ce jour-là, nous trouvant par 49°20′ de latitude et 8°44′ de longitude, l'armée anglaise nous apparut à environ trois lieues dans le N 1|4 N.-E. ; nous avions tout lieu de croire que les Anglais s'étaient enfin décidés à accepter le combat et la joie fut générale. Mais nous fûmes cruellement désappointés en voyant l'ennemi prendre chasse, puis serrer la terre pour nous empêcher de le couper; le lendemain matin, l'armée anglaise était à toute vue dans le vent. L'avantage de marche que l'armée anglaise avait sur la nôtre ne doit pas surprendre, car elle ne comptait que 40 voiles et la nôtre 104, dont beaucoup d'Espagnols qui étaient de véritables charrettes ; dans une armée navale, on est obligé de se régler sur le plus mauvais marcheur.

Le 3 septembre, le nombre de nos malades ayant encore augmenté, le général nous donna l'ordre d'aller à Brest et d'y conduire 30 prisonniers provenant du corsaire anglais *le Tigre*, de

16 canons, capturé le 30 par la *Concorde,* ainsi que MM. Hamilton
et Parades, gardes de la marine anglaise, pris sur l'*Ardent.*

A neuf heures, le lendemain matin, nous mouillâmes à Brest
et sitôt après dîner, étant allé à terre, je ne fus pas peu étonné
des propos qu'on y tenait sur M. le comte d'Orvilliers et du con-
tenu d'une lettre que M. d'Espinouse, capitaine du *Destin,* avait
reçu du ministre; on prétendait qu'il avait relâché sans nécessité
et qu'il avait exagéré le nombre de ses malades. Or, voilà ce que
j'ai vu : le *Destin* avait 500 malades quand il était rentré et, depuis
ce moment jusqu'au 5 septembre, le nombre s'en était encore augmenté de 87, en sorte qu'il n'avait plus alors sur ses gaillards que
six matelots de manœuvre. D'après cela, on peut juger de la bonne
foi des espions du Ministre à l'égard de M. le comte d'Orvilliers qui, rentré avec la flotte le 14 septembre, fut accablé d'amer-
tumes et dès le 20 septembre demanda la permission de se retirer
du service. Les reproches qu'on lui fit étaient aussi mal fondés
que le ressentiment du personnage qui les avait imaginés; l'ignorance et la méchanceté les avaient conçus, le public imbécile y crut
comme toujours, le Ministre se laissa séduire et la marine perdit
le meilleur de ses généraux.

Le Ministre de la marine voulut probablement se décharger de
la responsabilité qu'il avait encourue en nous envoyant au-devant
des Espagnols et en oubliant de nous ravitailler; ces fautes en-
gendrèrent l'épidémie qui désola nos équipages. Enfin, le long
coup de vent qui commença le 17 août et la fuite des Anglais
nous mirent dans l'impossibilité de mener à bien l'entreprise projetée; ces diverses causes rendirent inutiles les grandes dépenses
faites pour le débarquement en Angleterre, j'en conviens, mais
M. le comte d'Orvilliers ne pouvait en être rendu responsable;
ses contemporains ont pu dans leur ignorance le mal juger, l'histoire lui rendra justice tôt ou tard. Son successeur fut M. Du
Chaffaut de Béné, officier général très apprécié, mais qui ne put
nous faire oublier son prédécesseur. Les Anglais ne tardèrent pas
à connaître la situation dans laquelle se trouvait l'armée combi-

née et travaillèrent activement à préparer des armements, afin d'être
en mesure de repousser un nouveau danger d'invasion dont ils
devaient à la seule nature d'avoir échappé cette fois.

La cour de Madrid rappela ses vaisseaux restés à Brest au
nombre de trente-six sous les ordres de Dom Cordova et de Dom
Gaston ; peu de jours après, la France et l'Espagne arrêtèrent un
nouveau plan de campagne, d'après lequel on devait bloquer Gibraltar, avoir dans l'Inde et en Amérique des forces capables de
résister aux Anglais et, enfin, prendre une vigoureuse offensive
aux Antilles où l'on envoya M. de Guichen avec 25 vaisseaux ; l'Espagne, de son côté, s'engageait à avoir à la Havane douze vaisseaux
et dix mille soldats.

Je profitai des loisirs que me donnait la rentrée de l'armée pour
aller avec quelques officiers visiter la côte de Morlaix à Tréguier,
où se trouvait une partie des troupes destinées au débarquement
projeté en Angleterre. J'y rencontrai beaucoup de mes anciens camarades des Mousquetaires qui, devenus officiers dans les régiments de dragons cantonnés sur le littoral breton, se désespéraient
de voir leur embarquement indéfiniment retardé et d'être obligés
de rester dans d'affreux logements, où ils manquaient de tout, sauf
de vermine. Les chevaux étaient presque tous au piquet, dans la
boue jusqu'au ventre ; fort heureusement, les fourrages étaient
abondants. On m'avait plaisanté lorsque j'avais pris le parti d'entrer dans la marine, mais alors on enviait mon sort et c'était à qui
demanderait la faveur d'être envoyé en Amérique. Presque tous
furent déçus dans leurs espérances, car, sauf la légion de Lauzun
et quelques houzards, on n'embarqua que de l'infanterie, ainsi que
je le dirai plus tard.

A Lannion, petite ville affreusement noire et triste, le colonel
du régiment de Dragons-Artois, M. le comte d'Escars, reconnaissant nos uniformes, vint nous faire mille aimables instances pour
que nous acceptions son modeste logement, près de la cathédrale,
ce que nous nous gardâmes de refuser. Il nous dit qu'il avait servi
d'abord dans la marine, nous fit raconter les événements auxquels

nous venions de prendre part et apprenant que je servais avec
M. de la Clocheterie qu'il connaissait beaucoup, il promit de venir nous voir à Brest et tint en effet sa parole. Enfin, pensant qu'en
qualité d'ancien Mousquetaire, je verrais avec plaisir manœuvrer
son régiment, il me le fit admirer le lendemain. C'était une superbe troupe, parfaitement exercée et d'une apparence très martiale. Je lui fis remarquer, ce qui l'amusa beaucoup, qu'au combat
avec l'*Aréthuse*, j'étais en casaque de mousquetaire, ce qui était
déjà assez original ; maintenant, en costume de marin, j'étais per-
ché sur un grand cheval de dragons, pour assister à des évolutions
de cavalerie.

Le frère de M. le comte d'Escars était officier de marine et se
trouvait alors à la Martinique où il livra un beau combat à une
escadre anglaise et fut obligé d'amener son pavillon ; échangé l'année suivante, il fut nommé capitaine du vaisseau *le Glorieux*, où je
le connus, ainsi que je le raconterai plus loin. Il fut tué au désas-
treux combat des Saintes, le 12 avril 1782.

Une occasion s'étant présentée d'aller à l'île d'Ouessant, je passai deux jours chez le gardien du phare, construit par M. de Vau-
ban en 1695, je crois. Cette île, intéressante seulement par sa sau-
vagerie, est d'un abord tellement difficile que parfois en hiver,
il se passe des semaines sans qu'on puisse y aborder. Le sol est
assez bien cultivé par les femmes, car les hommes dédaignent les
travaux de la terre et sont tous marins ; on n'y récolte que du sei-
gle et de l'orge et on n'y voit pas un seul arbre, la violence du vent
empêchant toute végétation.

Les habitants à demi sauvages ne parlent que le breton et il est
par suite impossible de s'en faire comprendre ; leurs mœurs sont
parfois bien singulières et capables d'étonner un étranger ; ainsi,
quand un marin ouessantais meurt en mer, on porte une croix
dans sa maison, le clergé vient la prendre avec les cérémonies
usitées aux funérailles et on en fait l'inhumation comme si c'était
effectivement le cadavre du défunt.

Pour les préliminaires des fiançailles, le futur se tient dans son

lit clos et la jeune fille vient lui présenter un morceau de lard ; s'il
en goûte, on se marie quelques jours après ; dans le cas contraire,
les avances de la belle sont repoussées.

Cette coutume originale devrait se généraliser sur le continent,
mais je doute que mon désir se réalise, bien qu'il présente certains
côtés avantageux et séduisants.

Le 8 octobre, le bruit se répandit à Brest que la *Surveillante* rentrait après un combat avec une frégate anglaise ; m'étant rendu sur
le port, je l'aperçus en effet qui arrivait, remorquée par une double
ligne d'embarcations espagnoles et françaises. Je ne tardai pas à
apprendre ce qui s'était passé. Après la rentrée de la flotte combinée, la frégate *la Surveillante,* commandée par le chevalier du Couëdic, et le cutter *l'Expédition,* par le vicomte de Roquefeuil, enseigne de vaisseau, avaient été envoyés croiser dans les parages
d'Ouessant. Se trouvant à 15 lieues dans le nord de cette île, ils
aperçurent, le 7 octobre, une frégate et un cutter anglais ; à dix
heures du matin, le combat s'engagea à portée de pistolet et continua avec acharnement jusqu'à ce que toute la mâture de la *Surveillante,* coupée à six pieds du pont, fût venue en bas. Les Anglais
chantaient déjà victoire, quand le même accident leur arriva. Les
deux adversaires se débarrassèrent rapidement de tout ce qui en-
combrait leurs ponts et recommencèrent à se canonner avec
fureur. Pour en finir, M. du Couëdic voulut tenter l'abordage,
mais au moment de jeter son monde sur le *Québec,* il s'aperçut que
le feu venait de s'y déclarer et gagnait même le beaupré de la
Surveillante ; on arma les pompes tout en continuant la lutte. Enfin,
les Anglais mirent bas les armes et s'occupèrent à arrêter les progrès de l'incendie, qui avait envahi tout le navire. M. du Couëdic,
bien que blessé à mort, trouva encore assez de forces pour s'occuper
du sauvetage de ses ennemis ; il ne lui restait qu'un seul canot et
il essaya de le mettre à la mer ; mais, dans l'opération, il fut dé-
foncé. Les Anglais, gagnés par les flammes, se jetèrent à la mer,
pendant que leurs blessés poussaient des cris déchirants et se

voyaient perdus. A ce moment, le feu prenait de nouveau à la *Sur-*
veillante et M. du Couëdic essaya de s'éloigner du *Québec*, qui pouvait sauter d'un moment à l'autre ; ses efforts demeurèrent impuis-
sants et l'équipage, épuisé de fatigues, avait renoncé à un nouvel
effort, quand on découvrit qu'une manœuvre engagée dans le gouvernail du *Québec* empêchait les deux navires de se séparer. Dès
qu'elle fut coupée, tout danger n'était pas conjuré ; il fallait encore
se trouver à une bonne distance pour ne pas être engloutis par
l'explosion de plus en plus imminente ; quand elle se produisit, à
cinq heures, dispersant dans tous les sens les débris de la frégate
et de son équipage, la *Surveillante* n'en était qu'à cinquante toises
et faillit, elle aussi, disparaître dans la catastrophe ; le combat avait
duré sept heures.

Les deux cutters, qui se battaient avec le même acharnement,
cessèrent le feu d'un commun accord et se portèrent au secours
des victimes ; le délabrement de leurs agrès ne leur permettait pas
de marcher vite et quand ils arrivèrent, il ne restait du *Québec* que
des débris épars, 47 matelots sauvés par la *Surveillante* et un petit
nombre d'autres par des neutres témoins du combat.

L'*Expédition* remorqua la *Surveillante* jusqu'en vue des côtes ; aussitôt signalés, ils furent secourus par des bateaux pêcheurs et des
embarcations envoyées de Brest par l'escadre combinée.

L'arrivée de la *Surveillante* sur la rade fut un véritable triomphe ;
les équipages espagnols et français, montés sur les vergues, saluèrent de cris répétés de : « Vive le Roi ! » les braves combattants
et le glorieux drapeau blanc dont il ne restait que des lambeaux.

Les officiers généraux et tous les capitaines de la flotte suivaient
dans leurs embarcations pendant que la foule enthousiasmée pous-
sait des acclamations frénétiques. Enfin, la *Surveillante* jeta l'ancre
à midi à l'entrée du port ; à deux heures, on s'occupa de débarquer
les blessés ; en tête, le canot de M. du Chaffault portait M. du Couëdic, pâle comme un mort sur son brancard, mais les yeux illumi-
nés de la gloire du triomphe ; au moment où il quitta son bord, les
débris de son équipage lui firent les adieux les plus touchants et

le saluèrent de mille hourras ; ensuite, dans d'autres embarcations, venaient un à un les Français et les Anglais blessés. Lorsque ce long convoi accosta à terre, une immense émotion s'empara de la foule ; en un instant toutes les têtes se découvrirent, tous les yeux se remplirent de larmes, le respect arrêta les cris. Les bombardiers de la marine réclamèrent l'honneur de porter sur leurs épaules le brancard de M. du Couëdic, qui fut suivi par toutes les autorités et par le peuple. Les autres blessés ne furent pas moins bien reçus et c'était à qui obtiendrait la faveur d'en emmener un pour le soigner et l'entourer de prévenances. Malheureusement, ce beau jour fut suivi de jours de deuil ; beaucoup de blessés moururent et entre autres le chevalier du Couëdic ; pour perpétuer sa mémoire, le Roi lui fit élever un mausolée dans l'église Saint-Louis, de Brest.

Les Anglais qui avaient été sauvés ne furent pas considérés comme prisonniers de guerre ; le Roi fit noliser un navire qui les reconduisit en Angleterre, habillés à neuf et le gousset bien garni par ses libéralités.

J'allai visiter la *Surveillante* le jour même de son arrivée ; n'étant pas préparé par l'excitation du combat, au spectacle que je vis, j'en éprouvai un véritable sentiment d'horreur que je ressens encore quand j'y pense. Le pont et la batterie n'avaient pas encore été nettoyés, le sang coagulé était répandu partout, au milieu des débris de toutes sortes ; sous un vaste prélart, on distinguait les formes raidies des cadavres amoncelés et de longs filets de sang coulaient tout autour ; c'était horrible.

J'eus le plaisir de serrer la main du brave Le Maing qui, voyant le pavillon tombé à la mer, en saisit un autre qu'il brandit dans les haubans d'artimon jusqu'à ce qu'on eût repassé une drisse nouvelle ; il ne fut pas blessé. L'équipage s'était couvert de gloire, mais on s'accordait à désigner entre tous les trois neveux du capitaine, qui se rendirent dignes du nom qu'ils portaient. Au moment où M. du Couëdic allait commander l'abordage, il leur avait crié : « Allez, mes enfants ! c'est à vous de donner l'exemple et de maintenir l'honneur de notre famille ! » et tous les trois s'étaient précipités sur le beaupré pour être les premiers à sauter à bord du *Québec*. Ces trois jeunes gens furent tués plus tard, les uns à Quiberon, les autres en Vendée. Un jeune enseigne, le chevalier de Lostanges, eut une conduite encore plus héroïque s'il est possible ; bien qu'il eût un œil crevé par les éclats du crâne d'un matelot, deux blessures au bras et une au côté, il ne quitta pas son poste. Il fut l'objet d'une faveur presque sans exemple, car il reçut la croix de Saint-Louis, bien qu'il n'eût que dix-neuf ans.

Le grand-père de M. le chevalier du Couëdic était capitaine de la noblesse de Quimper et son frère, mort jeune, avait servi avec honneur dans la marine. Quant à lui, garde-marine en 1756, il avait l'année suivante assisté à la prise du vaisseau anglais *le Greenwich* à bord du *Diadème,* puis à un autre combat contre un vaisseau de 76 aux atterrages de Brest ; en 1761, sur la *Vistule,* commandée par M. de Boisbertelot, il avait été fait prisonnier après une belle défense contre trois frégates ; en 1778, il commandait la *Surveillante* au combat d'Ouessant ; en mars 1779, il s'empara de deux grands corsaires ; enfin, le 7 octobre 1779, il livrait son célèbre combat contre le *Québec.*

M. le chevalier du Couëdic est sans doute aussi, pour les révolutionnaires, un marin d'antichambre... ?

CHAPITRE VI

CAMPAGNE D'AMÉRIQUE

Pour se conformer au plan arrêté avec la Cour d'Espagne, le Roi se décida à envoyer des forces importantes aux Antilles.

J'ai dit que M. le comte d'Estaing était parti de Toulon le 13 avril 1778; d'après ses instructions, il devait chercher à surprendre l'escadre de l'amiral Howe, mouillée à l'entrée de la Delaware, mais ses navires marchaient mal, il perdit du temps en manœuvres inutiles et n'arriva qu'après 87 jours de traversée; l'escadre anglaise, prévenue, avait été se réfugier à Long-Island.

M. le comte d'Estaing alla alors attaquer Rhode-Island, mais l'amiral Howe étant venu le provoquer, il quitta son mouillage pour lui livrer bataille; sur les entrefaites, un coup de vent se déclara qui désempara les deux armées. Les Français allèrent se réparer à Boston, où l'amiral Rodney, qui venait de remplacer Howe, surnommé l'amiral Bad Weather, essaya de le forcer, mais les batteries établies à terre le tinrent à distance.

Après s'être réparé, M. d'Estaing se rendit aux Antilles, où les Anglais perdirent la Dominique dont s'empara M. le marquis de Bouillé, et Saint-Vincent, où les Caraïbes, commandés par le lieutenant de vaisseau du Rumain, prêtèrent un très utile concours; on échoua cependant dans l'attaque de Sainte-Lucie.

M. de Lamotte-Picquet étant arrivé avec six vaisseaux à Port-Royal, à la fin de juin 1779, M. le comte d'Estaing embarqua des troupes et prit la Grenade après avoir conduit les colonnes l'épée à la main.

Dans cette affaire se signala le lieutenant de vaisseau de Pagès, célèbre par ses aventures. Cet officier, entré dans la marine en 1757, se distingua à Malte et au combat de Lagos, où il fut grièvement blessé par l'explosion d'un canon. Se trouvant en 1767 à Saint-Domingue, à bord de la _Dédaigneuse,_ il se mit en tête de faire le tour du monde et décampa sans permission, ce qui lui valut d'être rayé des listes. Il gagna la Louisiane, se rendit par terre à la Nouvelle-Espagne, s'embarqua sur les vaisseaux d'Acapulco avec lesquels il visita les Mariannes, les Philippines, Surate, l'Inde et le golfe Persique. Puis, bravant mille dangers, il traversa, avec des caravanes, l'Arabie et le pays des Druses ; bien que déguisé, afin de ne pas être trahi par son ignorance de la langue, il eut la constance pendant plus d'un an de feindre d'être sourd et muet. Après cinq ans d'absence, il rentra en France. Le Roi, fort intéressé par les récits qu'on lui fit de ses aventures, le fit venir, l'autorisa à reprendre son rang dans la marine et lui accorda en outre le montant de ses appointements perdus.

A peine remis de ses fatigues, M. de Pagès alla aux Terres Australes avec M. de Kerguélen, se trouva ensuite au combat d'Ouessant et enfin, comme je l'ai dit, se fit remarquer à la prise de la Grenade. Sa santé, ruinée par les fatigues et les blessures, l'obligea à se retirer en 1782; il alla habiter la plantation des Baradaires à Saint-Domingue où il termina son existence mouvementée lors de la révolte des nègres en 1793. On sait qu'à cette époque les ineptes mesures prises par la Convention causèrent la mort de tous les blancs massacrés par les esclaves.

A la nouvelle de la prise de la Grenade, l'amiral Byron projeta de nous en chasser et vint attaquer l'escadre de M. d'Estaing. Ce dernier, malgré son infériorité, allait commencer le combat quand il aperçut un très fort corsaire, le _Fier-Rodrigue,_ appartenant à M. Caron de Beaumarchais, qu'il somma d'avoir à prendre place dans sa ligne de bataille où il fut fort utile. Après avoir mis l'ennemi en fuite, M. d'Estaing pour s'excuser de la liberté qu'il avait prise écrivit à M. Caron, qui se déclara enchanté d'avoir contribué à l'échec des Anglais.

Le célèbre auteur du _Mariage de Figaro_ avait chaudement embrassé la cause des Américains, non par enthousiasme pour ce

peuple, mais par amour de l'argent dont il avait besoin pour satisfaire ses plaisirs. Ses gains furent parfois considérables, mais il
fut sur le point, à différentes reprises, de faire banqueroute et ne
dut son salut qu'à l'intervention de M. de Sartines. Un fait entre
autres : il avait fait construire un grand navire à bord duquel il
mit 250 hommes et un chargement de munitions à destination de
Boston; au moment où ce vaisseau le saluait en sortant du port, le
feu prit, on ne sait comment, à la Sainte-Barbe et M. Caron faillit
lui-même être victime de la catastrophe; il en fut quitte pour une
maladie causée par la frayeur. Il se dédommagea avec un autre
vaisseau, *l'Amphitrite*, qu'il avait armé par actions ; ce navire évita
la flotte anglaise et vendit au poids de l'or sa cargaison aux Américains qui manquaient de munitions. La philanthropie et le commerce faisaient très bon ménage dans l'esprit de M. Caron de
Beaumarchais; la librairie lui rapporta aussi de beaux bénéfices,
balancés, il est vrai, par quelques séjours involontaires à Bicêtre,
mais toute médaille a son revers.

Après son succès, l'amiral d'Estaing fit voile pour Savannah
dont il chercha à s'emparer par un coup de main. Suivant son habitude, il s'élança le premier sur les retranchements anglais, mais
l'attaque ne réussit pas et il tomba grièvement blessé sur la con-
trescarpe. M. de Truguet, lieutenant de vaisseau, qui devint plus
tard amiral, l'aperçut gisant au milieu des cadavres et, aidé de
deux grenadiers l'enleva sous une grêle de balles. Les deux grenadiers furent tués, mais M. de Truguet en appela deux autres et
parvint à ramener le blessé dans les lignes françaises. En récompense de ce fait, M. de Truguet, qui avait reçu deux blessures, obtint la croix de Saint-Louis. Parmi les officiers qui se distinguè-
rent encore à cette échauffourée, M. le comte d'Estaing signala
particulièrement aux bontés du Roi M. de Boulainvilliers, capitaine
du Languedoc, qui, au début de sa carrière, avait vu mourir sous
ses yeux et dans des conditions affreuses son père, capitaine du
vaisseau *le Bourbon*. Au retour d'une campagne aux Antilles et en
vue des côtes de Portugal, une voie d'eau s'était déclarée qui ne

laissait aucun espoir de sauver le bâtiment, ni même de gagner la terre ; voyant qu'il s'enfonçait rapidement, le capitaine fit mettre le plus de monde possible sur des radeaux et dans les embarcations.; le poste de son fils était dans le petit canot, mais il refusa de quitter son père et on fut obligé, par l'ordre de ce dernier, d'employer la force. Au moment où les canots s'éloignaient pour ne pas être entraînés par le remous, on vit M. de Boulainvilliers et ses officiers en grand uniforme sur la dunette ; quelques minutes après, le vaisseau s'engloutissait entraînant dans l'abîme tous les braves qui étaient à bord. Le jeune Boulainvilliers, fou de douleur, voulait se jeter à la mer pour essayer de sauver son père, il fallut l'attacher et encore il cherchait à couper ses liens avec les dents. Dernier rejeton de sa noble famille, car les deux frères de son père avaient été tués au service du Roi, il resta dans la marine jusqu'en 1780, où il fut fait chef d'escadre ; sa santé délabrée le força à se retirer lors de la paix.

Après son échec devant Savannah, l'amiral d'Estaing rentra à Brest en passant par Cadix.

Nous pensions que notre tour était enfin venu d'aller prendre notre part de gloire en Amérique, aux Antilles, mais notre déception fut grande en voyant que nous ne faisions pas partie de l'escadre commandée par M. le comte de Guichen qui appareilla de Brest le 3 février 1780 à destination de la Martinique ; elle livra les 16 avril, 15 et 19 mai des combats heureux à l'amiral Rodney, qui chaque fois nous laissa le champ de bataille. Au mois d'octobre, cette escadre qui avait laissé dix vaisseaux à Saint-Domingue arriva à Cadix.

Fatigué du séjour de Brest, je demandai un congé que j'allai passer à Moréville et à Paris ; j'appris pendant ce temps que le Roi était décidé à envoyer une autre escadre en Amérique, car les affaires n'avançaient pas, et que le *Jason* en ferait partie. J'écrivis de suite à M. de la Clocheterie pour lui demander si je pouvais toujours compter sur une place à son bord.....

Ne recevant pas de réponse, je lui écrivis de nouveau et enfin le

10 avril, à mon retour d'un voyage à Chartres, je trouvai la lettre suivante qui m'attendait à l'hôtel d'Entraigues, rue de l'Université, où j'habitais.

« A Brest, le 6 avril 1780.

« Il est vrai, Monsieur le Chevalier, que je n'ai point reçu la lettre que vous m'avez fait l'honneur de m'écrire à votre retour à Paris, mais mon départ de Brest et le peu d'exactitude des postes en sont vraisemblablement la cause. Je suis très flatté de l'offre que vous me faites de partager encore une fois la même fortune, mais avant de l'accepter, je dois vous prévenir que la campagne que je vais faire ne ressemblera point du tout à celles que nous avons faites ensemble. Je pars pour le long cours sous les ordres de M. le chevalier de Ternay sans savoir quelle sera notre mission ni dans quelle partie du monde nous irons porter la guerre; il est à présumer seulement que nous nous absenterons pour fort longtemps. On dit que nous passerons beaucoup de troupes ; si cela est, vous serez, malgré mes désirs, infiniment mal à votre aise. Voilà, Monsieur le Chevalier, l'exposé de la campagne que vous voulez entreprendre ; voyez si dans tout cela il n'y a rien qui vous répugne et mandez-moi sur-le-champ votre résolution ; j'aurai encore le temps de vous adresser une lettre pour le Ministre, et je serai infiniment flatté d'avoir à lui dire que je désire beaucoup qu'il veuille me mettre à même de vous avoir de nouveau à mon bord. Quel que soit le parti que vous prendrez, soyez bien persuadé, Monsieur le Chevalier, du sincère attachement que je vous ai voué pour la vie et avec lequel j'ai l'honneur d'être

« Votre très humble et très obéissant serviteur,

« CHADEAU DE LA CLOCHETERIE. »

Comme bien on pense, je lui répondis immédiatement que la longueur de la campagne me souriait au lieu de m'effrayer et que mon plus ardent désir était de servir sous ses ordres

Dix jours après, je reçus mon ordre d'embarquement et, m'étant mis en route immédiatement, j'arrivai à Brest le 24 avril. Les évé-nements de 1779 avaient tellement épuisé les classes qu'au commencement de 1780 on avait peine à trouver les matelots et les officiers nécessaires à l'armement de nos nombreuses escadres. M. de Guichen lui-même ne partit pour les Antilles qu'avec des vaisseaux mal armés, et, quand notre tour vint, on éprouva les plus grandes difficultés, qu'on surmonta encore tant bien que mal, en augmentant la proportion habituelle des soldats de l'armée de terre.

Les troupes embarquées étaient commandées par M. le comte de Rochambeau, lieutenant-général, M. le comte de Vioménil, maréchal de camp, et M. de Béville, brigadier, maréchal des logis. Elles comprenaient les régiments suivants :

Bourbonnais : Colonels, le marquis de Lavater et le vicomte de Rohan-Chabot. ·

Soissonnais : Colonels, le comte de Sainte-Même et le vicomte de Noailles.

Saintonge : Colonels, le comte de Custine et le comte de Chalus.

Royal-Deux-Ponts : Colonel, le comte de Deux-Ponts.

Légion de Lauzun, formée de houzards, artillerie et infanterie aux ordres de M. le duc de Lauzun. Cette dernière troupe avait été formée, avec l'autorisation du Roi, par le célèbre prince de Nassau-Siegen, qui la destinait à fonder le royaume de Juida[1] dans le golfe de Guinée. Ce projet n'ayant pas eu de suite, le prince de Nassau fit, au mois d'avril 1779, une tentative sur Jersey ; à cet effet, il avait embarqué 1,600 hommes sur deux frégates, mais il rencontra aux Minquiers l'escadre anglaise de l'amiral Arbuthnot qui l'obligea à rentrer à Saint-Malo. Son rêve évanoui et à bout de finances, le Prince vendit sa Légion au duc de Lauzun qui en tira bon parti en Amérique. Je crois que M. le comte de Fersen, Suédois au service de la France, en fut aussi propriétaire quelque temps, à la fin de la guerre d'Amérique.

---

1. Aujourd'hui Whidah.

Le Prince de Nassau est une des figures les plus curieuses du
siècle dernier. Encore enfant, il avait pris part à la guerre de Sept
ans, puis fait le tour du monde avec M. de Bougainville; pendant
ce voyage, il avait eu des aventures extraordinaires et couru de
grands dangers, dont il s'était tiré avec honneur, grâce à son courage, à sa force et à son sang-froid. A son retour, il fut présenté
à Versailles où ses duels, ses amours et ses prodigalités le rendirent la coqueluche de la Cour; les fêtes qu'il donna à son château
de Sénarpont sont restées célèbres et tout le monde sait que, pour
divertir les dames, il le fit abattre à coups de canon.

J'ai raconté sa tentative sur Jersey; lorsqu'elle eut échoué, il se
disposa à prendre part au débarquement en Angleterre, puis il se
rendit au siège de Gibraltar où il se couvrit de gloire sur les batteries de M. d'Arçon; celle qu'il montait sauta et, presque seul, il
se sauva à la nage. Après la guerre, il se rendit en Russie où l'Impératrice Catherine lui confia le commandement d'une de ses escadres avec laquelle il battit en maintes rencontres les Suédois
et les Turcs. Pendant la Révolution, ce paladin des anciens jours
combattit les révolutionnaires à Valmy et donna tout ce qu'il pos-
sédait à nos princes émigrés; puis, les circonstances ne lui permettant plus de tirer l'épée pour la gloire de la France, il se retira
dans ses terres où il mourut.

Notre escadre comptait 7 vaisseaux de ligne, 2 frégates, 1 vaisseau armé en flûte et 29 transports, le tout aux ordres de M. le
chevalier de Ternay, chef d'escadre....

En voici les noms : le *Duc-de-Bourgogne* de 80, doublé en cuivre,
à bord duquel était M. de Ternay ; le *Neptune* de 74, doublé, capitaine M. le chevalier des Touches ; le *Conquérant* de 74, sans doublage, capitaine M. de la Grandière ; l'*Éveillé* de 64, doublé, capitaine M. de Tilly ; la *Provence* de 64, sans doublage, capitaine
M. Lombard ; le *Jason* de 64, sans doublage, capitaine M. de la
Clocheterie ; c'est sur ce vaisseau que j'étais embarqué. Nous
avions à bord un grand encombrement par suite des nombreux
passagers parmi lesquels on distinguait M. le comte de Fersen,

officier suédois au service de la France et aide de camp de M. le comte de Rochambeau : l'*Ardent* de 64, sans doublage, capitaine M. le chevalier de Marigny ; ce vaisseau avait été pris par nous près du phare d'Eddystom, comme je l'ai raconté ; la *Surveillante* de 32, sans doublage, capitaine M. de Cilart ; c'est cette frégate qui s'était illustrée sous le commandement de M. du Couëdic ; l'*Amazone,* de même force que la précédente, capitaine M. de la Peyrouse, qui devait devenir célèbre ; la *Guêpe,* cutter de 14 canons, capitaine M. de Maulévrier ; la *Fantasque,* vieux vaisseau armé en flûte et destiné à servir d'hôpital, capitaine M. de Vaudoré ; enfin, le *Lutin,* gabarre chargée en guerre et marchandises pour la Cayenne et une frégate dont j'ai oublié le nom.

Les instructions données par le ministre à M. de Ternay lui prescrivaient de se rendre à Rhode-Island si ce point n'était pas occupé par les Anglais, d'y débarquer les troupes et de se mettre à la disposition du gouvernement américain, tout en conservant la liberté de repousser les propositions qui lui sembleraient susceptibles de compromettre son escadre ; en cas d'infériorité et d'impuissance, il était enfin autorisé à demander des renforts à l'escadre des Antilles.

Le 2 mai 1780, à 6 heures du matin, nous mîmes à la voile, avec des vents du Nord-Est.

Le raz de Sein fut heureusement franchi ; mais trois jours après, un coup de vent du S.-O. nous força à rester à la cape sous le cap Finistère jusqu'au 13 ; la *Provence* éprouva une avarie à son mât de misaine qu'on put réparer.

Le 15, M. de Ternay envoya à la côte d'Espagne une frégate avec des dépêches pour le ministre ; beau temps, jolie brise permettant au convoi de filer six nœuds ; nous étions constamment obligés de diminuer de voiles pour permettre aux transports de nous suivre.

Le 25 mai, étant par 34° de latitude, le *Lutin* nous quitta pour aller à la Cayenne ; rien d'intéressant jusqu'au 5 juin ; nous faisions une trentaine de lieues par jour.

Le 6 juin, étant par 27°30′ de latitude et 43°39′ de longitude, on aperçut cinq vaisseaux à toute vue qu'on ne put reconnaître ; la route fut modifiée ; nous ne faisions plus autant de Sud et avions le cap au O. 1/4 N.-O.

Du 7 au 11, même temps, forte chaleur.

Le 12 au matin, les frégates qui, depuis la veille, chassaient un petit brigantin anglais nous l'amenèrent ; il venait d'Halifax et portait un chargement de morue à Saint-Eustache. Il nous apprit que le vaisseau *Defiance*, de l'escadre de l'amiral Arbuthnot, s'était perdu à la côte de Virginie ; que M. de Guichen était arrivé à Port-Royal le 19 mars et que, le 6 avril, l'amiral Rodney n'y avait pas encore paru ; on prit la cargaison et on coula le navire.

Le 14, le général fit mettre le cap à l'Ouest pour passer à bonne distance des Bermudes.

Le 18, nous étions par 67° de longitude et 30° de latitude, c'est-à-dire à 30 lieues dans le Sud des Bermudes avec vents variables, car nous quittions la zone des alisés.

Dans la journée, les frégates s'emparèrent d'un brig anglais de 14 canons, qui allait à la Barbade porter des dépêches ; il était parti le 1er juin de Charlestown et nous avait pris pour un convoi anglais ; on l'envoya au fond.

Le 20 juin, nous trouvant par 30°18′ de latitude septentrionale et 71°22′ de longitude occidentale, les vigies signalèrent six voiles par basbord, vers 11 heures du matin ; nous faisions route grand largue, le cap au N.-O. et le convoi très en avant de l'escadre qui était formée sur deux colonnes. Le général fit signal de courir sur les navires, qui s'approchaient stribord amures du convoi et ne semblaient pas avoir encore connaissance de son escorte. A 2 heures après midi, il nous fut possible de reconnaître cinq vaisseaux anglais et une frégate qui, nous voyant les plus forts, tinrent le vent ; quatre nous passèrent au vent à basbord avec la frégate, mais le cinquième, le *Ruby*, craignant de ne pas nous doubler, revira de bord et força de voiles aux mêmes amures que nous. Nous aurions pu passer au milieu des ennemis et en couper au moins deux si M. de Ternay, qui était fort loin sous le vent à nous, n'eût fait signal d'arriver sur lui pour former la ligne de bataille les amures à basbord. Ce mouvement, quelque désavantageux qu'il fût, ne nous ôtait cependant pas la possibilité de joindre le *Ruby* dans les eaux duquel nous étions; le *Neptune* et nous commencions à l'approcher quand, à notre grand étonnement, M. de Ternay nous signala de diminuer de voiles; nous crûmes qu'il s'était trompé, mais son signal fut répété et appuyé d'un coup de canon et il fallut obéir, bien à regret de voir échapper de nos mains un vaisseau dont nous étions certains de nous emparer.

Les quatre vaisseaux qui avaient passé au vent, voyant le *Ruby* mal engagé, arrivèrent tous lof pour lof et se placèrent à portée de canon de nous pour le protéger. Notre diminution de voiles lui ayant permis de gagner de l'avant, le *Ruby* vira de bord et, appuyé par le feu de son escadre, reçut celui de la nôtre; il nous prolongea ensuite à contre-bord et fut prendre en revirant les eaux de ses conserves.

M. de Ternay fit alors signal de virer de bord vent devant par la contremarche, mouvement d'autant plus faux que, malgré notre supériorité, il nous exposait à un échec. La canonnade fut suspendue lorsque la nuit vint, puis nous courûmes au Nord, ce qui ressemble bien à une fausse route, car nous avions le cap au N.-O. avant l'affaire et les vents n'avaient pas changé. L'escadre ennemie était commandée par l'amiral Cornwalis, frère du général, et comprenait l'*Hector*, de 74; le *Lion*, de 64; le *Sultan*, de 74; le *Bristol*, de 50; le *Ruby*, de 64, et le *Niger*, de 32.

Le lendemain, à la grande satisfaction de M. de Ternay, on n'eut plus connaissance de l'ennemi.

Nous avions manqué une belle occasion de prendre au moins un vaisseau; on ne peut attribuer qu'à une prudence excessive la manœuvre de M. de Ternay; il est vrai qu'il escortait un convoi très important et qu'il avait des instructions lui recommandant d'éviter un combat; mais les ennemis, par leur infériorité et la manière imprudente dont ils s'étaient engagés, nous offraient une occasion unique de les battre en peu de temps et sans grandes pertes, ce qui eût considérablement influé sur le reste de la campagne. Ce jour-là, nous prîmes un cutter anglais qui transportait des matelots de Savannah à la Jamaïque.

Depuis cette rencontre, nous eûmes constamment des vents favorables bien que trop faibles; le 4 juillet, le scorbut se déclara à bord du *Duc-de-Bourgogne* et nous eûmes la sonde de la Chesapeake, dont la brume nous empêchait d'apercevoir les côtes. A 6 heures du soir, courant pour reconnaître le cap Henry, nos frégates signalèrent onze voiles; la nuit se fit avant qu'on eût pu les bien juger, et M. de Ternay, croyant avoir sur les bras l'escadre de l'amiral Arbuthnot, supérieure à la nôtre par sa réunion avec celle de l'amiral Graves, vira de bord et signala fausse route. Pendant la nuit, deux frégates anglaises s'approchèrent du *Duc-de-Bourgogne* et lui envoyèrent quelques coups de canon auxquels il ne répondit pas. Au point du jour, ces frégates se trouvant devant nous et assez près, M. de Ternay les fit chasser par la *Surveillante* et l'*Amazone*, qu'il rappela au moment où elles allaient les joindre, puis fit mettre le cap sur Rhode-Island.

Il ne nous arriva rien de remarquable jusqu'au 9 juillet, où la brume nous obligea à mouiller à trois lieues de Black-Island; le lendemain on appareilla et on mouilla encore près de l'île Martha-Vineyard; enfin, le 11, le convoi et l'escadre au complet arrivèrent à Rhode-Island où l'on apprit que les voiles, causes de l'effroi de M. de Ternay, étaient simplement un petit convoi anglais escorté par le *Romulus,* de 44, et deux frégates ramenant à New-York une partie de l'armée qui avait pris Charlestown. Le commodore Gayton nous avait détaché les deux frégates pour nous donner le change et il y avait bien réussi, grâce à la prudence outrée de M. de Ternay.

Dans la baie de Newport se trouvait la frégate l'*Hermione,* commandée par M. de La Touche, qui avait apporté M. le marquis de Lafayette deux mois auparavant; depuis son arrivée elle avait fait plusieurs sorties, dans l'une desquelles, ayant rencontré l'*Isis*, frégate anglaise de sa force, les deux navires furent également désemparés et l'affaire resta indécise; M. de La Touche fut assez grièvement blessé.

Le surlendemain de notre arrivée on débarqua l'armée de terre, qui fut campée auprès de Newport. Le 21, une escadre anglaise de douze vaisseaux parut devant la baie et fit mine, les 22 et 23, de nous attaquer à notre mouillage; on nous dit que, d'un autre côté, le général Clinton, commandant des forces anglaises, se préparait à venir avec 10,000 hommes forcer M. le comte de Rochambeau sur l'île de Rhode, avant que celui-ci eût opéré sa jonction avec les Américains.

Nos troupes et des milices américaines s'occupèrent immédiatement de rétablir d'anciennes lignes élevées autour de Newport par le général Prescot, lorsqu'il fut attaqué par le général Sullivan et le marquis de Lafayette. De son côté, l'escadre s'embossa et se fortifia par des batteries établies à terre, ce qui rendit notre position assez respectable.

Tous ces travaux fatiguèrent beaucoup les troupes et les équipages, dont un tiers était déjà malade des fatigues de la traversée. Pour résister à la double attaque dont nous étions menacés, nous n'avions pas plus de 4,000 hommes en état de combattre; fort heureusement, nos adversaires perdirent du temps, et le général Washington put se mettre en mesure de nous seconder en paraissant menacer New-York.

Cette diversion obligea le général Clinton à mettre à terre ses troupes déjà embarquées à Huntington, dans Long-Island.

La situation générale, qui était des plus tristes au moment de notre arrivée, se modifia avantageusement; le peuple américain, las d'une guerre qu'il faisait mollement et ne soutenait plus que par amour-propre, allait présenter ses mains à de nouveaux fers et signer une paix déshonorante; notre présence lui rendit quelque courage, l'armée de Washington s'augmenta, la nôtre prit l'offensive et on tint tête partout aux Anglais.

Bien que la campagne de 1780 ne fût ni active, ni brillante pour

notre escadre, elle eut cependant des conséquences importantes ;
car les Anglais, ayant réuni leurs forces maritimes pour nous bloquer dans la baie de Rhode-Island, le commerce et la navigation
se firent librement dans toute l'Amérique et nous tînmes en échec
une escadre deux fois supérieure à la nôtre.

La baie de Newport, où nous étions embossés, est une large
échancrure ayant la forme d'un carré long, découpée dans l'État
de Rhode-Island ; sa direction est Nord et Sud, ainsi que celles
des îles de Rhode et de Conanicut. Ces dernières forment trois
passes : celle de l'Est ou de Seakonnet ; celle du milieu, sur
laquelle se trouve Newport ; enfin celle de l'Ouest ou de Narra-
ganset.

Nos batteries étaient établies sur la pointe Brenton, dans le Sud
de l'île de Rhode, ainsi que sur la pointe de l'île Conanicut. De
ce côté nous étions à l'abri des attaques de l'ennemi, mais il pouvait entrer par la passe de l'Ouest, effectuer sans danger sa descente et nous prendre à revers ; fort heureusement il ne l'osa pas.

Newport, capitale de Rhode-Island et des plantations de Providence, est située dans le S.-O. de l'île ; c'était une ville de second
ordre, mais son port est un des plus sûrs et des plus beaux de l'A-
mérique ; avant la guerre elle était riche et commerçante, mais,
ayant été prise successivement par les Américains et par les Anglais et surtout ravagée par ces derniers en 1779, elle avait beaucoup perdu de son éclat.

Dans la baie de Newport se jettent plusieurs rivières, sur lesquelles se trouvent les villes de Bristol, Waren, Warwick, New-
ton, Providence, etc. ; cette dernière, sur la rive droite de la rivière du même nom, était plus riche que Newport et sa situation
au milieu des terres l'ayant mise à l'abri d'une partie des révolu-
tions qu'a éprouvées cette dernière, son commerce s'était mieux
soutenu.

Les îles de Rhode et de Conanicut étaient assez fertiles, mais
l'air qu'on y respire passe pour être le plus malsain de la Nouvelle-Angleterre ; elles étaient autrefois couvertes de bois et de

vergers que les Anglais détruisirent. Les bivouacs étaient extrêmement pénibles par suite de l'abondance des serpents, des scor-
pions, des maringouins et surtout des légions d'horribles mille-
pattes qui réveillaient les dormeurs par leur affreux contact. Dans
les rares maisons restées à peu près intactes, nous n'étions pas
même à l'abri de toute cette vermine, qui pénétrait par les moin-
dres fissures ; c'était à devenir fou ou enragé.

La chaleur était insupportable pendant le jour lors de notre arrivée ; mais dès que le soleil était couché, l'humidité nous pénétrait, des miasmes pestilentiels s'exhalaient du sol et alors nous
nous sentions glacés par la fièvre de ces contrées dont il est si difficile de se guérir. Ma robuste santé résista à toutes ces misères
sans trop en souffrir, mais l'armée fut très éprouvée et nous avions
journellement de nombreux morts à ensevelir dans cette terre
maudite. M. de Ternay ne tarda pas à ressentir aussi les effets du
climat et mourut de la fièvre au commencement de décembre ; il
fut enterré le 15 avec toute la pompe possible et, pour conserver
sa mémoire, on lui éleva un petit mausolée près de la principale
église de Newport. Il fut peu regretté, car il n'avait aucune des
qualités convenables à un chef, peu de connaissance de la navigation et de l'art militaire, point de caractère et de fermeté, une ir-
résolution enfin qui lui faisait manquer les succès les plus sûrs.
M. le chevalier des Touches, en qualité de plus ancien capitaine
de l'escadre, en prit le commandement ; nous vîmes bientôt que
nous avions en lui un chef capable de nous commander dans les
difficiles circonstances où nous nous trouvions.

Notre surprise fut grande lorsque nous pûmes juger les troupes
américaines, que nous avions considérées jusque-là comme se sa-
crifiant à la liberté ; nous nous figurions qu'elles montraient l'é-
nergie déployée autrefois par les Hollandais quand ils rompirent
les chaînes des Espagnols ; il n'en était malheureusement pas
ainsi. La discorde régnait parmi les Américains ; chaque province,
chaque État voulant garder ses soldats et son argent pour sa propre
défense, contrariait les plans du Congrès et du général en chef ;

l'amour du gain primait celui de la patrie; personne ne voulait s'enrôler sans une somme d'argent considérable, ni faire des fournitures si un bénéfice excessif n'était pas assuré. Les troupes en guenilles ou vêtues de blouses de chasse en toile, usitées dans la Caroline, ne connaissaient ni la discipline, ni les manœuvres les plus élémentaires et se révoltaient continuellement; les soldats étaient presque tous des vagabonds de toutes les nations que la misère et la mauvaise conduite avaient forcés à prendre les armes. Ainsi, au commencement de 1781, le Congrès ordonna une levée de 37,000 hommes, 8;000 seulement se présentèrent et ils n'avaient ni vêtements, ni armes; au mois de février ce fut encore mieux, car les troupes pensylvaniennes se révoltèrent, massacrèrent leurs officiers et marchèrent sur Philadelphie, afin de forcer le Congrès à augmenter leur solde; on eut beaucoup de peine à faire rentrer dans l'ordre ces braves démocrates.

·La liberté, pour le peuple américain, était plutôt un sujet de spéculation que d'enthousiasme; changeant à toutes les circonstances, ils devenaient whigs ou torys suivant les avantages du moment. En général, les gens riches étaient torys et les pauvres whigs; ces derniers espéraient toujours à la faveur des troubles s'emparer des biens des torys. La devise des démocrates est la même dans tous les pays et ses résultats identiques; ceux qui ont vu ce qu'étaient la liberté, l'égalité et la fraternité en France pendant la Révolution ne me contrediront pas!

Bien qu'éloignés de l'Angleterre et soutenus par des alliés puissants, les Américains ont à peine balancé les efforts de leurs ennemis; leurs troupes ont toujours été peu nombreuses et, sans l'appui de la France, elles n'auraient pas résisté longtemps aux Anglais. Bien plus, un grand nombre d'Américains, ceux qu'on appelait les loyalistes, étaient partisans des Anglais, leur servaient d'espions, de guides et combattaient dans leurs rangs avec infiniment plus de dévouement que leurs compatriotes ne défendaient leur liberté. On s'est singulièrement abusé en France sur le patriotisme de ce peuple qui, certes, ne mérite pas les sympathies que certains Français ont éprouvées et éprouvent encore pour lui. Si nous n'avions pas eu un intérêt direct et personnel à les soutenir, notre intervention en leur faveur eût été une folie et une duperie.

Les soldats anglais étaient bien différents ; commandés par des chefs habiles, soumis à une stricte discipline, ils se battaient bravement pour ceux qui les payaient ; on sait en effet que l'Angleterre, hors d'état de faire face avec ses seules ressources aux Antilles, en Amérique, dans la Méditerranée et dans l'Inde, avait acheté 17,000 hommes au duc de Brunswick et au landgrave de Hesse ; ce singulier marché, signé par le lord North, stipulait qu'à la paix les vendeurs reprendraient leurs soldats en bon état ; les morts leur seraient soldés dix livres sterling ; quant aux estropiés, l'acheteur devait payer pour trois d'entre eux comme pour un mort.

En parlant de la mort de M. le chevalier de Ternay, j'ai un peu anticipé sur les événements et je reviens au mois d'octobre 1780. Le 28 de ce mois, profitant d'un coup de vent qui avait dispersé les croiseurs anglais, la frégate *l'Hermione,* commandée par M. de La Pérouse, partit pour la France avec des dépêches de M. de Ternay et de M. de Rochambeau, informant le Gouvernement de l'impuissance dans laquelle nous nous trouvions.

A la même époqua, l'amiral Rodney arriva des Antilles avec dix vaisseaux, ce qui portait l'escadre anglaise alors à New-York à vingt-deux vaisseaux. Cet amiral avait combattu trois fois, comme je l'ai dit, M. de Guichen et, quand celui-ci eut fait route pour l'Europe, il s'empara d'un convoi venant de France et se dirigea vers la Nouvelle-Angleterre dans l'espoir de détruire l'escadre de Rhode-Island, s'il ne rencontrait pas M. de Guichen dont il était sans nouvelles.

Le surcroît du danger nous fit augmenter les batteries défendant les passes et appuyant notre ligne d'embossage ; Rodney le sut et retourna aux Antilles, emmenant deux des vaisseaux de l'amiral Arbuthnot.

Dès que M. des Touches eut pris le commandement, il déploya

de grandes qualités d'audace et fit naître une comparaison fort peu
avantageuse à la mémoire de son prédécesseur. Il fit sortir de la
baie deux vaisseaux pour protéger des navires américains qui
avaient été prendre sur le continent des provisions pour l'armée ;
mais les Anglais, mouillés dans la baie de Gardner à la pointe Est
de Long-Island, en ayant eu avis détachèrent trois vaisseaux pour
les attaquer ; ces derniers furent assaillis par un coup de vent et
l'un d'eux, le *Culloden,* se perdit sur la pointe de Montuck ; les
deux autres, l'*America* et le *Bedfort,* s'en tirèrent mais avec de
graves avaries. Nos vaisseaux et le convoi revinrent sans accident
à Rhode-Island.

La perte du *Culloden* rapprochait un peu les forces des deux escadres, et M. des Touches résolut de mettre cette circonstance à
profit pour se rendre utile aux États-Unis.

Le général Clinton ayant renoncé à venir nous forcer dans
Rhode-Island envoya en Virginie, au mois de janvier 1781, une
flotte portant des troupes de débarquement. Ces troupes étaient
commandées par le général Arnold qui, au mois de septembre 1780,
avait trahi son pays, pour lequel il avait combattu avec distinction
alors qu'il commandait à West-Point, poste important sur la rivière du Nord et clef de toutes les provinces septentrionales. Mécontent du Congrès, qui lui avait refusé l'argent nécessaire à ses
débordements, Arnold ouvrit des négociations avec le général anglais Clinton pour lui livrer le poste dont il avait la garde. Clinton
lui envoya son aide de camp, le major général André, pour com-
biner les détails de la trahison ; mais André fut arrêté par des partisans, déguisé en colporteur, et l'on trouva dans les semelles de
ses chaussures les preuves du complot ; il fut condamné à être
pendu, châtiment des espions.

Clinton employa tous les moyens en son pouvoir pour le sauver, mais Washington demeura inflexible, parce que plusieurs officiers américains avaient éprouvé le même traitement des Anglais,
qui avaient refusé de les considérer comme belligérants. Le major
André subit avec un grand courage son affreux supplice, et ses

supplications pour obtenir de mourir de la mort d'un soldat tirèrent des larmes à tous ceux qui assistèrent à l'exécution. Il se rendit au supplice sans escorte et seulement accompagné par deux officiers américains, qui n'eurent pas le courage de l'assister jusqu'au dernier moment tant il avait su leur inspirer d'intérêt.

Les Anglais avaient eu les premiers torts en traitant leurs adversaires américains comme des révoltés, et depuis ce triste événement ils modifièrent leurs procédés inhumains; c'est ce que le général Washington voulait obtenir en faisant mourir un brave officier pour lequel il avait la plus grande estime.

Arnold put s'échapper à temps et obtint dans l'armée anglaise le grade de brigadier-général; il faut dire à l'honneur des officiers anglais qu'ils témoignèrent une grande répugnance à servir sous les ordres de ce misérable, qui ne tarda pas à mettre la plus belle province de sa patrie à feu et à sang.

M. le chevalier des Touches ayant appris la situation déplorable des Américains dans la Virginie résolut d'y remédier; en conséquence, il détacha de notre escadre l'*Éveillé*, commandé par M. de Tilly, sous les ordres duquel il plaça aussi la *Surveillante*, la *Gentille* et le cotre *la Guêpe*, qui se perdit quelques jours après sur le cap Charles.

M. de Tilly partit de Newport le 12 février et arriva le 16 à la baie de Chesapeak où il s'empara de quinze bâtiments de transport anglais; la tête du convoi et l'escorte, composée d'un vaisseau de 44, lui échappèrent en remontant la rivière Élisabeth jusqu'à Portsmouth, occupée par le général Arnold. L'embouchure de la rivière était trop peu profonde pour que l'*Éveillé* pût y passer et trop bien défendue pour que les frégates pussent forcer l'entrée. En conséquence, M. de Tilly, ne pouvant pousser plus loin ses succès, allait faire route pour Rhode-Island quand il apprit que le *Romulus*, de 44 canons, alors en croisière, devait arriver prochainement; effectivement, deux jours après, ce vaisseau entra sans défiance et alla donner dans la division française, à laquelle il amena son pavillon.

M. le Gardeur de Tilly est au nombre des officiers qui ont servi
avec le plus de distinction pendant cette guerre; il devint vice-
amiral en 1791. Son fils et quatre de ses parents servirent plus
tard avec distinction dans la marine.

Après la prise du *Romulus*, M. de Tilly revint à Rhode-Island,
où il mouilla le 27 février; comme on le pense bien, l'arrivée de
notre vieil ennemi avec un équipage français et le pavillon blanc
au-dessus des léopards fut saluée de mille cris de : Vive le Roi !

MM. de Rochambeau et des Touches, de nouveau sollicités de
venir au secours de la Virginie, se décidèrent à agir dans ce sens.
Il fut convenu que notre escadre, renforcée du *Romulus*, monté par
l'équipage de la *Gentille* et commandé par M. de Villebrune, embarquerait 1,200 hommes aux ordres de M. de Viomesnil, à destination de Portsmouth.

Le 7 mars, veille de notre départ de Newport, le général Washington vint conférer avec nos généraux sur l'expédition projetée.
J'eus la bonne fortune de voir cet homme célèbre dont le port, la
démarche et la figure étaient bien conformes à l'opinion que je
m'étais faite de lui ; si on lui avait supposé un physique répondant
à ses hautes et grandes capacités, c'eût été celui que la nature lui
avait accordé.

Plus on examine le peu de courage et d'énergie de sa nation
dont il commandait les armées, plus on est étonné des grands talents de cet homme illustre qui, avec si peu de moyens, a su tenir
tête à des ennemis puissants et qui seul, on peut le dire, a été
l'appui de la liberté mourante de son pays.

La mission confiée à notre escadre était d'une exécution difficile, par suite de la mauvaise marche de plusieurs navires ; la
première condition de succès était en effet de dérober notre sortie
aux frégates anglaises qui nous surveillaient ; de plus, il fallait
prendre assez d'avance pour ne pas être rejoints avant d'être rendus à la baie de Chesapeake.

CHAPITRE VII

COMBAT DU 16 AVRIL

Le 8 mars, au soir, nous mîmes à la voile par temps brumeux un nombre de huit vaisseaux et deux frégates : la flûte le *Fantasque,* qui nous accompagnait, s'échoua en appareillant, mais on le remit à flot sans avaries.

Contrariés par les vents et le manque de vue, on n'eut connaissance de la côte de Virginie que le 14. Apprenant notre départ, l'amiral Arbuthnot devina nos desseins, quitta son mouillage vingt-quatre heures après nous et nous rejoignit à quinze lieues dans le N.-E. du cap Charles. Le 16, dans une éclaircie, son escadre formée en ligne nous apparut au vent dans l'Ouest, mais la brise ayant sauté à l'Est, nous nous trouvâmes au vent à elle; M. des Touches fit aussitôt le signal de former la ligne de bataille ordre naturel, les amures à basbord; à 9 heures du matin il fit revirer par la contremarche. Dans ce dernier mouvement, l'*Ardent* et l'*Éveillé* cassèrent leurs vergues de grand hunier, mais le premier mit tant de célérité dans son travail que l'avarie était réparée au bout de trois quarts d'heure; l'*Éveillé* fut obligé de combattre sans hunier, mais la supériorité de sa marche lui permettait de s'en passer.

L'escadre ennemie continua à courir les amures à basbord, et lorsqu'elle eut atteint nos eaux elle fit une contremarche vent devant pour prendre les mêmes amures que nous et tomber sur notre arrière-garde. Notre général nous fit alors signal d'arriver et à notre chef de file, le *Conquérant,* de courir de manière à passer sous le vent de la ligne ennemie, afin de faciliter à nos vaisseaux l'usage des premières batteries. Le vaisseau de tête des Anglais voyant ce mouvement arriva pour passer sur l'avant du *Conquérant,* qui arriva davantage encore pour l'en empêcher. En suivant leurs chefs de file, les deux escadres se trouvèrent courir parallèlement vent arrière et commencèrent le combat qui s'engagea de plus près à la tête qu'à la queue, les trois premiers vaisseaux de chaque ligne se serrant à portée de pistolet. Le *Royal-Oak* n'osa pas approcher du *Duc-de-Bourgogne* et se contenta de le canonner de loin; le *London* se tint à une distance encore plus respectueuse du *Neptune*, malgré la supériorité de ses forces; cependant, ayant aperçu un intervalle assez considérable entre l'*Éveillé* et le *Romulus*, il voulut tenter d'y passer. M. de Villebrune, malgré la faiblesse de son vaisseau, vint en travers, reçut de très près le feu du *London* et se couvrit du sien autant qu'il fut possible. Pendant ce temps, l'*Éveillé* serra sur le *Romulus*, et le *London* dut aller reprendre sa place avec une vergue de moins.

L'arrière-garde anglaise, imitant la manœuvre de son amiral, se tenait assez loin pendant que les avant-gardes se battaient avec la plus grande vivacité. Après avoir essuyé notre feu pendant une heure et demie, l'*Europa* fut obligée de se couvrir de son matelot d'arrière et nous laissa sans adversaire; M. de La Clocheterie en profita pour serrer sur le vaisseau de tête afin de lui prêter son concours contre le *Robuste* qu'il combattait; mais à ce moment le *Conquérant*, ayant eu sa barre enlevée par un boulet, abattit sur basbord et présenta sa poupe au *Robuste*; voyant le danger qu'il courait nous le couvrîmes, mais le *Robuste*, bien que maltraité, nous fit sentir que nous avions affaire à un ennemi redoutable; après l'avoir canonné pendant une heure il vint sur stribord et reçut notre feu en poupe.

M. des Touches fit alors signal de prendre les amures à basbord par un mouvement successif, ce qui fit défiler notre escadre à poupe des trois vaisseaux de tête anglais, qui furent très maltraités, particulièrement le *Robuste*, qui se trouva hors d'état de manœuvrer et se fit remorquer par une frégate. Ayant rétabli l'ordre de bataille au plus près, nous fîmes peu de voiles vu le délabrement du *Conquérant*; mais ce vaisseau étant tombé sous le feu du *London*,

M. des Touches fit signal de revirer et de recommencer le combat.
Dans ce moment, le *Conquérant* signala qu'il était hors d'état de
combattre ; ayant mis en panne pour lui donner le temps de se réparer, l'escadre attendit dans cette position l'attaque de l'ennemi.
Mais celui-ci s'éloigna à petites voiles, très satisfait sans doute de
la réception qui lui avait été faite.

Le mauvais état du *Conquérant* nous empêcha de poursuivre les
Anglais ; une heure avant la nuit ils étaient hors de vue.

Comparaison des escadres et ordre dans lequel elles ont combattu.

Ligne française.		Ligne anglaise.	
Conquérant.	74 canons.	Robuste	74 canons.
Jason	64 —	Europa.	64 —
Ardent.	64 —	Prudent	64 —
Duc-de-Bourgogne	80 —	Royal-Oak	74 —
Neptune	74 —	London.	98 —
Romulus	44 —	Kent.	60 —
Éveillé.	64 —	America	64 —
Provence.	64 —	Bedfort	74 —
Total	528 canons.	Total	572 canons.

Outre une différence de 44 canons en faveur de l'ennemi, celui-ci avait encore un grand avantage provenant de l'élévation de
ses navires, ce qui lui permettait de balayer nos ponts.

Bien que ce combat fût certainement tout ce qu'on pouvait attendre d'une escadre aussi inférieure que la nôtre, il n'en est pas
moins vrai que, malgré toute la gloire que nous avions pu conquérir, le succès de notre expédition devenait impossible. Si notre
traversée avait été plus rapide, l'amiral Arbuthnot nous aurait
trouvés embossés à l'entrée de la rivière James, dans une position
inexpugnable et l'expédition projetée aurait réussi ; mais on ne
pouvait entreprendre un débarquement à la vue et sous le feu
d'une escadre plus qu'égale ; M. le chevalier des Touches le com-
prit lorsqu'il eut connaissance de l'ennemi, et le combattit seulement pour l'honneur du pavillon.

Nos pertes s'élevaient à 72 tués et 112 blessés, dont M. de Médine, capitaine de l'*Ardent,* qui avait reçu un éclat de bois à la tête.

Le 17, il fut décidé, dans un conseil de guerre tenu à bord du *Duc-de-Bourgogne,* qu'on retournerait à Rhode-Island où nous mouillâmes le 26, pendant une bourrasque de neige qui durait depuis trois jours et faillit nous jeter à la côte.

La retraite des Anglais dans la Chesapeak produisit en Amérique un grand effet, car on les croyait invincibles sur mer : cette fois, bien que supérieurs à nous, ils avaient refusé un second engagement, ce qui leur enleva une partie de leur prestige.

Le Congrès, interprète de l'opinion publique, adressa à M. des Touches la lettre suivante qui fut lue aux équipages :

« Le Président transmet les remerciements des États, assemblés en congrès, au comte de Rochambeau et au chevalier des Touches, commandant l'armée et l'escadre envoyées par S. M. T. C. au secours de ses alliés, pour le zèle et la vigilance qu'ils ont montrés en toute occasion pour remplir les intentions généreuses de leur souverain et l'attente des États ; il présente leurs remerciements au chevalier des Touches et aux officiers et équipages des vaisseaux sous son commandement pour la bravoure, la fermeté et la bonne conduite qu'ils ont montrées dans l'entreprise faite dernièrement contre l'ennemi, dans laquelle, quoique des événements imprévus les aient empêchés de remplir leur objet, le combat opiniâtre, si avantageusement soutenu le 16 mars dernier à la hauteur des caps de la baie de Chesapeak contre une escadre anglaise supérieure, fait honneur aux armes de S. M. T. C., et il est d'un heureux présage d'avantages décisifs pour les États-Unis. »

Dès que la nouvelle de ce combat parvint à Londres, le gouvernement anglais démonta l'amiral Arbuthnot de son commandement.

M. le chevalier des Touches écrivit au ministre pour lui faire connaître sa satisfaction de la conduite des états-majors et des équipages, particulièrement des vaisseaux de tête qui avaient supporté presque tout le poids du combat; mais en France on ne considéra guère que le résultat, et peu de récompenses furent accordées. M. des Touches lui-même ne fut fait chef d'escadre que deux ans après, et M. de Granchain, major de l'escadre, vit sa nomination de capitaine de vaisseau ajournée indéfiniment par suite d'une lettre fort amère qu'il écrivit au ministre; cet officier avait lieu d'être mécontent, car il avait fait preuve du plus grand zèle dans le service et les détails de l'expédition; tout le monde fut outré de l'injustice dont il fut victime.

Nous venions de terminer nos réparations quand dans les premiers jours du mois d'avril, M. le comte de Barras, chef d'escadre, arriva à Boston sur la frégate la Concorde et vint remplacer M. des Touches qui, on le sait, n'avait pris le commandement que comme capitaine le plus ancien.

Il ne faut pas confondre M. le comte de Barras dont il est ici question avec le conventionnel qui par sa vie crapuleuse déshonora un des plus beaux noms de France; ce dernier appartenait à l'armée de terre et n'avait jamais été que sous-lieutenant au régiment de Languedoc; méprisé de ses camarades et de ses chefs, c'était une recrue indiquée pour les révolutionnaires.

Le fils du général de Rochambeau, arrivé avec M. de Barras, apporta à son père des dépêches du ministre l'informant qu'une escadre aux ordres de M. le comte de Grasse allait se rendre des Antilles sur les côtes de l'Amérique septentrionale et qu'en conséquence il devait préparer un plan de campagne avec le gouvernement américain; en même temps M. de Grasse priait M. de Barras de lui faire connaître ses projets en temps utile et de lui envoyer des pilotes à Saint-Domingue. Les généraux Washington et de Rochambeau se rencontrèrent et décidèrent de se porter sur la Virginie. Notre escadre, paraissant trop isolée à Rhode-Island, reçut l'ordre de se retirer à Boston, mais M. de Barras, privé ainsi de prendre part aux opérations, demanda la réunion d'un conseil de guerre où la marine et l'armée de terre fussent représentées; on y arrêta définitivement que nous resterions à Rhode-Island. Dans

les premiers jours de mai nous avions appris que le lord Cornwalis
avec quelques troupes avait battu un corps considérable d'Américains qui s'étaient envolés au premier coup de canon et étaient
rentrés dans leurs foyers emportant armes et bagages ; ils avaient
touché le prix de leur engagement la veille et le reste leur impor-
tait peu.

La *Concorde* envoyée à Saint-Domingue y arriva dans les premiers
jours de juillet 1781, et mit M. de Grasse au courant de la situation alarmante dans l'Amérique septentrionale. Le général Clinton
était à New-York avec 12,000 hommes et les Américains n'avaient
à lui opposer le long de la rivière l'Hudson que 9,000 soldats peu
solides. Le marquis de Lafayette, avec un corps d'Américains,
avait peine à conserver ses positions de Jamestown contre le lord
Cornwalis campé aux environs de York, sur la rivière de ce nom,
avec un fort détachement à Glocester ; un vaisseau de 50 et une
frégate mouillés dans le York-River le rendaient maître de la mer ;
enfin, un grand nombre de transports chargés de provisions assuraient sa subsistance. Le lord Cornwalis était parti de Charlestown
au mois de janvier (1781) avec une petite armée, avait battu, comme
je l'ai dit, les troupes américaines qui lui avaient été opposées,
triomphé du climat et de la nature, traversé sans équipages les
deux Carolines, une partie de la Virginie et était enfin arrivé à
York, suivi par M. de Lafayette ; de là, il comptait pénétrer dans
le Jersey, se réunir au général Clinton et former avec lui une
armée devant laquelle nous n'aurions pu tenir. Si ce plan avait
réussi, la cause américaine était perdue et notre petite armée ré-
duite à capituler. C'est ce projet que l'expédition projetée avait
pour but de déjouer.

Conformément au plan arrêté entre les généraux, les troupes
franco-américaines se rendirent à Philipsbourg, simulant de marcher
sur New-York. Le général Clinton se laissa tromper par cette
feinte, garda les troupes qui devaient se porter au-devant du lord
Cornwalis et rappela l'escadre.

La *Concorde* étant revenue, apporta la nouvelle de l'arrivée prochaine de M. de Grasse avec un renfort de 3,000 hommes embarqués sur ses vaisseaux; les généraux continuèrent à paraître menacer New-York, puis tournant tout à coup le dos à cette ville, ils se dirigèrent à marches forcées vers l'embouchure de l'Elk dans le nord de la baie de Chesapeake.

CHAPITRE VIII

SIÈGE DE YORKTOWN

M. de Grasse ayant laissé à M. de Barras toute liberté d'agir suivant les circonstances, ce dernier, qui y était autorisé par le ministre, eut l'idée de nous conduire à Terre-Neuve dont la prise aurait eu une grande importance pour nos armements de pêche ; les généraux s'y opposèrent et demandèrent au contraire à M. de Barras de venir avec son escadre dans la Chesapeake. Malgré le danger d'être rencontrés et écrasés par les escadres anglaises réunies, nous appareillâmes le 25 août 1781 au nombre de huit vaisseaux, quatre frégates et dix-huit transports. Le lendemain du jour où nous mouillâmes sans accident à la Chesapeake, c'est-à-dire le 11 septembre, l'escadre de M. de Grasse vint nous rejoindre ; nous ayant précédé le 3 à ce mouillage, elle avait d'abord transporté à Jamestown, dans ses embarcations, les troupes de M. le marquis de Saint-Simon qui devaient se réunir à celles de M. de Lafayette à Williamsburg ; quelques navires avaient été échelonnés dans le James-River pour protéger cette longue opération contre les entreprises du lord Cornwalis, pendant que d'autres bloquaient les navires anglais mouillés entre Yorktown et Glocester. Le 29, la ville d'York était investie par terre et par mer. Sur ces entrefaites, une escadre ennemie s'était présentée le 5 septembre à l'entrée de la baie ; c'est donc par un heureux hasard que nous ne vîmes pas tomber dans cette flotte ; il est vrai que servis par les circonstances nous aurions pu nous joindre à l'escadre de M. de Grasse qui, à la vue de l'ennemi, appareilla à midi avec vingt-quatre vaisseaux, en laissant quatre à l'embouchure du James-River. Le combat s'engagea vers quatre heures et la nuit vint avant qu'un résultat décisif fût obtenu. M. de Grasse comptait recommencer le lendemain, mais les Anglais brûlèrent le *Terrible,* un de leurs vaisseaux qui, percé de boulets, coulait bas d'eau, et se réfugièrent à New-York avec leur escadre en fort mauvais état ; ils perdirent aussi les frégates *l'Iris* et *le Richmond* qui furent prises en essayant de communiquer avec le lord Cornwalis.

Le 13, les généraux tinrent un conseil de guerre à bord de la *Ville-de-Paris* ; le 14, l'armée navale vint mouiller entre Middle-Tround et Horse-Rock ; M. de Grasse fit mille difficultés prétendant que le mouillage n'était pas sûr, que les intérêts du Roi l'appelaient aux Antilles, etc., il fit preuve en un mot de la mauvaise volonté la plus marquée et ne céda qu'aux instances de M. de Lafayette qui lui montra que toute l'expédition allait manquer par sa faute ; s'étant rendu à ses raisons, le siège commença.

La presqu'île sur laquelle se trouvait l'armée a une direction générale S.-E. et N.-O. et est formée par les rivières de James et d'York ; la ville de York, qui est peu importante, est au bas de cette dernière rivière dont les rives sont très élevées sur ce point.

La ville de Glocester est vis-à-vis sur l'autre rive ; entre les deux villes la rivière est très profonde et n'a pas plus d'un mille de largeur.

Ces deux positions étaient occupées par les troupes anglaises qui y avaient établi des batteries et des redoutes flanquées par des navires embossés ; la première était sous les ordres directs du lord Cornwalis, la seconde sous ceux du major Tarleton.

Le gros de l'armée alliée se porta sur Yorktown, tandis que M. de Choisy avec la légion de Lauzun, un corps de milices et huit cents hommes tirés des vaisseaux observait Glocester.

Les Américains formaient l'aile droite à l'est de Beaver-Deam ; à l'aile gauche, les Français étaient campés à l'ouest de cette baie.

Pendant la nuit du 29, le lord Cornwalis abandonna ses ouvrages extérieurs dont nos troupes prirent immédiatement possession ; ces ouvrages consistaient en deux redoutes séparées de la ville par un ravin.

Je fus occupé jusqu'au 6 octobre à débarquer l'artillerie et les munitions, puis à les conduire au camp ; je profitai de cette occasion pour demander à M. de Viomesnil de vouloir bien me garder avec lui tant que je n'aurais rien à faire à bord du *Jason* ; il y consentit ainsi que M. de la Clocheterie qui comme toujours chercha à m'être agréable en m'autorisant à prendre part aux opérations du siège. Ayant eu la bonne fortune de rencontrer chez M. de Viomesnil le lieutenant-colonel de Gâtinais, M. le baron de l'Estrade, celui-ci se chargea de moi et m'emmena dans son quartier où je restai jusqu'à la capitulation.

Le 6 octobre au soir, la première parallèle fut ouverte à 300 toises des lignes anglaises et sans grandes pertes. La droite était appuyée à la rivière, la gauche à un ravin ; la tranchée avait 700 toises de développement et était garnie de quatre redoutes palissadées et de cinq batteries ; le terrain très accidenté favorisait nos travaux et nous permettait d'arriver à couvert à la tranchée sans avoir besoin d'un boyau. A notre gauche nous avions ouvert une autre tranchée appuyée à la rivière et à un bois ; elle était armée de 4 mortiers, 2 obusiers et 2 pièces de 24 qui commandaient le cours de la rivière. Les jours suivants on compléta les travaux et le 10 dans la journée les batteries commencèrent à jouer. Notre artillerie composée de 41 bouches à feu, bien que parfaitement servie, ne fit pas tout l'effet qu'on en espérait, car les talus étaient en sable et les boulets s'y enterraient, mais les bombes causèrent de grands dommages aux assiégés dont l'artillerie était de petit calibre ; le jour ils nous jetaient beaucoup de bombes et de grenades royales, la nuit ils établissaient des batteries volantes qu'ils retiraient au point du jour pour les mettre derrière les parapets.

On traça à 120 toises une seconde parallèle dans la nuit du 11 au 12, mais on ne put la prolonger jusqu'à la rivière à cause de deux redoutes anglaises qui l'enfilaient à petite portée et nous tuaient beaucoup de monde ; on décida de les emporter. Afin de ne pas faire de jaloux, on confia l'attaque de celle de droite aux Américains commandés par M. de Lafayette et celle de gauche à

400 grenadiers et chasseurs de Gâtinais et de Deux-Ponts commandés par M. de Viomesnil. Le 14, à 8 heures du soir, j'étais
avec MM. de Viomesnil, de l'Estrade, de Deux-Ponts et plusieurs
autres officiers, attendant le signal derrière un rang de gabions quand
une bombe les renversa et nous jeta à terre à pile ou face ; personne
ne fut touché et après s'être relevé, chacun de nous répara le désordre de sa toilette en riant aux éclats — c'est le cas de le dire.

Au moment où le signal nous fut donné par une décharge de
mortiers, nous nous élançâmes en silence sur l'escarpe, mais notre
présence ayant été signalée par une sentinelle allemande, nous
fûmes accueillis par un feu très vif qui nous causa de grandes
pertes, pendant que nous étions arrêtés à vingt pas du rempart par
des palanques et des abattis ; cet obstacle étant surmonté, on arriva
au parapet où M. de Lameth parvint le premier, mais tomba immédiatement les genoux fracassés par une balle ; M. de Sireuil, capitaine de chasseurs que nous aimions beaucoup, y reçut aussi trois
blessures dont il mourut. La colonne entra bayonnettes basses dans
la redoute et s'en empara aux cris de : Vive le Roi ! après avoir eu
108 tués ou blessés. Très satisfait de ce succès, le général Washington donna une pièce de canon prise à l'ennemi à chacun des
régiments de Gâtinais et de Deux-Ponts. M. de l'Estrade, qui s'était
particulièrement distingué, reçut aussi une lettre autographe du
général en chef rappelant sa belle conduite à cette affaire. Lorsqu'il arriva l'année suivante au Cap, où il était fort connu, les
dames de cette ville, qui avaient pu apprécier sa galanterie, lui envoyèrent avec une couronne de lauriers les vers suivants qui firent
la joie de l'armée :

> Il est donc vrai, vieux guerrier de Cythère,
> Que tu n'as quitté nos remparts
> Que pour montrer à l'Angleterre
> Qu'on peut braver les léopards.
> A ton aspect, le fier Anglais se sauve
> Et Bellone, pour prix de tes travaux guerriers,
> A voulu sans doute que ton front devînt chauve,
> Pour y placer plus de lauriers.

Le régiment de Gâtinais dut à sa bravoure en cette occasion de reprendre le nom d'Auvergne-sans-Tache qu'il avait perdu lors de son dédoublement en 1776 ; voici comment : M. de Rochambeau sachant que Gâtinais regrettait son ancienne appellation, célèbre depuis longtemps, mais surtout depuis le chevalier d'Assas, profita de cette disposition pour rappeler aux soldats au moment de l'assaut les faits d'armes de leurs aînés ; ils s'écrièrent que si on promettait de leur restituer le nom d'Auvergne, ils se feraient tous tuer plutôt que de reculer. Le général s'y engagea, le régiment tint parole, perdit le tiers de son effectif et le Roi sanctionna la promesse du général dès qu'il en eut connaissance. Il y avait dans la redoute 160 soldats anglais ou allemands ; 37 seulement dont trois officiers furent faits prisonniers, le reste ayant été tué.

On travailla toute la nuit à prolonger la tranchée et, le jour venu, on était à couvert malgré le grand nombre de bombes que les Anglais nous jetèrent. Dans la nuit du 15 au 16, les ennemis firent une sortie vigoureuse, entrèrent dans une batterie et y enclouèrent quatre pièces. Le bruit du combat nous réveilla et chacun de courir aux armes ; par malheur, mon domestique avait emporté mes bottes pour les faire sécher et je ne savais où les trouver ; je fus obligé de courir pieds nus à la redoute où j'arrivai à temps pour prendre part à la plus jolie mêlée qu'on puisse voir ; il faisait extrêmement sombre et seule la lueur des coups de fusil permettait de distinguer les amis des ennemis ; on se battait surtout à l'arme blanche, au milieu de cris et de hurlements affreux ; enfin, les Anglais tournèrent les talons et on les poursuivit l'épée dans les reins jusqu'à la barrière, où leurs réserves nous arrêtèrent par un feu nourri de mousqueterie.

En battant en retraite, je sentis une vive douleur au pied droit et je m'aperçus que je m'étais fortement piqué à la bayonnette d'un fusil abandonné ; c'était peu grave et je rentrai clopin clopant dans ma cabane.

Dès que l'ennemi se fut retiré, on désencloua les pièces et le feu recommença plus vif que jamais.

Nous apprîmes le lendemain par des prisonniers que l'intention du lord Cornwalis avait été de s'échapper avec ses troupes en abandonnant ses malades et ses blessés ; il comptait aborder à Glocester sur des embarcations préparées d'avance, passer sur le corps des troupes peu nombreuses de M. de Choisy et rejoindre l'armée du général Clinton en traversant le Maryland, la Pensylvanie et le Jersey. Le plan était hardi et aurait peut-être réussi, mais plusieurs circonstances en empêchèrent l'exécution. Ne pouvant plus répondre à notre artillerie, ni trouver d'abri derrière les remparts bouleversés, le lord Cornwalis demanda à capituler le 17. Le 18, on régla les articles de la reddition qui furent copiés sur celle de Charlestown et signés presque immédiatement ; il n'y avait plus dans la place ni boulets, ni bombes. La capitulation nous livra 7,600 hommes de troupes anglaises et hessoises, 1,000 matelots, 106 pièces de canon de tous calibres, dont 75 en bronze, 400 beaux chevaux et 40 bâtiments, dont une frégate qui avait été coulée par notre artillerie et qu'on put relever : elle s'appelait je crois *la Guadeloupe*.

Le lord Cornwalis n'était resté à York que par ordre du général Clinton, qui avait promis de le secourir ; aussi refusa-t-il, sous prétexte de maladie, de défiler à la tête des vaincus entre les rangs des troupes américaines et françaises ; il remit le commandement au général O'Hara, qui fut obligé d'accepter cette pénible mission. Ce général s'avança vers le comte de Rochambeau et lui présenta son épée, mais celui-ci montrant le général Washington lui dit que les Français n'étant que des auxiliaires, c'était au général américain à la recevoir. Le général O'Hara fit la grimace, mais fut obligé de s'exécuter.

Les généraux américains, français et anglais se visitèrent et tout se passa avec toutes sortes d'égards. Les troupes prisonnières étaient composées de très beaux hommes, bien équipés, à l'air martial ; on les dirigea sur Williamsburg.

Cette réunion de soldats de tant de nations était très curieuse à voir par suite de la diversité des uniformes ; Anglais, Écossais,

Allemands, Français et Américains formaient un assemblage singulier, mais ce qui attirait le plus l'attention, c'était le corps de riflemen du Marquis de Lafayette, formé de trappeurs et de coureurs de la frontière indienne, tous gens à figures patibulaires, mais fort adroits à tirer leurs longues carabines et reconnaissables à leurs coiffures ornées de hautes plumes noires et rouges. Lorsqu'il était allé en France, M. de Lafayette leur avait rapporté une quantité considérable d'ornements pour les soldats, d'épées pour les officiers et de drapeaux qui portaient pour emblème un canon avec la devise : « *Ultima ratio* », retranchant le mot « *regum* » qui aurait pu blesser les sentiments de ces sensibles démocrates. Lors de la reddition, une difficulté imprévue se présenta ; il y avait dans Yorktown un grand nombre de loyalistes qui, s'ils avaient été livrés à leurs compatriotes, eussent été traités non comme des prisonniers de guerre, mais comme des traîtres ; nos généraux les firent embarquer en secret, pendant la nuit, sur la corvette *la Bonnetta,* qui les conduisit à New-York et revint ensuite pour nous être livrée.

Les troupes anglaises prisonnières furent traitées par nous avec les égards dus au courage malheureux ; il n'en fut pas tout à fait de même avec les Américains qui ne se piquent pas de mettre en pratique les mœurs chevaleresques. Le lord Cornwalis publia une lettre où il rendait hommage à la générosité et à la délicatesse des Français et engageait ses officiers à se souvenir de nos procédés si, par suite des hasards de la guerre, un officier français tombait en leur pouvoir.

Le 21, M. de Viomesnil m'offrit d'aller avec lui voir Yorktown, ce que j'acceptai avec empressement, bien que mon pied me fît beaucoup souffrir ; il visita le lord Cornwalis qui était resté enfermé dans son logis depuis la reddition et l'invita à dîner, ce que celui-ci accepta sans difficulté. La conversation y prit une tournure enjouée dès que le vin de France eut produit son effet, on se fit mutuellement des compliments et le lord se répandit en remerciements pour les honneurs qu'on lui avait rendus et en éloges sur les soldats, surtout sur l'artillerie qu'il déclara incomparable. On évita de parler des Américains, car on savait qu'il les méprisait et ne voulait avoir aucun rapport avec eux. Je fus surpris, et bien d'autres avec moi, de voir en maintes circonstances le Marquis de Lafayette s'abaisser à copier les mœurs et les habitudes des démocrates américains; pour un gentilhomme habitué aux mœurs délicates de la Cour de France c'était une singulière manie; il était arrivé à être plus Américain que Français, à préférer les premiers à ses compatriotes qu'il molestait souvent. Grisé d'orgueil, il rêvait de jouer un rôle important, de faire parler de lui à tout prix, et on le vit bien quand il devint le valet de la canaille parisienne et le persécuteur de la famille royale. L'exil qu'il partagea avec nous, ses adversaires politiques, fut sa récompense; cela ne le corrigea pas et, jusqu'à son dernier jour, il ne fut qu'un révolutionnaire et un envieux assoiffé de popularité malsaine.

Pour ne citer qu'un exemple de la préférence de M. de Lafayette pour les Américains, avant d'attaquer les deux redoutes, le 14 octobre, M. de Viomesnil avait exprimé l'avis de n'y employer que des Français, car dans les combats de nuit les troupes disciplinées présentent plus de garanties de succès. M. de Lafayette, qui n'était qu'un jeune débutant par rapport à M. de Viomesnil, le prit de très haut avec sa jactance habituelle, déclarant qu'avec ses riflemen il avait l'habitude de tout enlever à la baïonnette; cela ne lui était certainement jamais arrivé. Quoi qu'il en soit, pour ne pas susciter de fâcheuses rivalités, M. de Viomesnil n'insista pas, et les Américains de M. de Lafayette furent chargés de la redoute de droite, qui n'avait aucune palissade et dont le parapet était éboulé; il leur fut donc facile d'y entrer sans coup férir et d'en chasser la petite garnison qui ne tenta même pas de se défendre. Notre attaque étant retardée, comme je l'ai dit, par des palanques et des abattis qu'il fallut enlever sous un feu très vif, M. de Lafayette en profita malicieusement pour faire demander à M. de Viomesnil s'il avait besoin du secours des Américains. Le major Barber, en transmettant cette proposition à M. de Viomesnil, put s'assurer par lui-même de la résistance que nous rencontrions, car il fut renversé par le vent d'un boulet et resta quelques minutes évanoui. Après avoir repris ses sens, il alla porter à son chef la réponse de notre général qui, sous une forme plus polie, avait quelque similitude avec celle qu'on prête au général Cambronne. Le lendemain, M. de Viomesnil fit sentir vertement à M. de Lafayette combien son attitude était déplacée et blessante pour ses compatriotes et mit les rieurs de son côté en lui demandant combien de riflemen il avait perdus dans sa brillante attaque ; il fut obligé d'avouer qu'il n'avait qu'un blessé et c'était justement le major Barber dont j'ai raconté l'aventure. Ce qui acheva de montrer à M. de Lafayette que ses talents militaires n'étaient pas encore appréciés à la valeur qu'il leur reconnaissait lui-même, ce fut une lettre du lord Cornwalis interceptée aux avant-postes et qui fut lue au conseil de guerre ; dans cette lettre, le général anglais, parlant de M. de Lafayette, ne l'appelait que « The boy » ; il faillit en faire une maladie.

La nouvelle de la prise de Yorktown fut accueillie avec une grande satisfaction par les Américains, car, désormais, leur indépendance était assurée; notre joie ne fut pas moins grande d'avoir porté un coup sensible à l'Angleterre.

Le congrès vota des remerciements aux vainqueurs et l'érection d'une colonne ornée d'inscriptions et d'emblèmes rappelant la reddition des troupes anglaises.

Je n'avais pas soigné mon pied dont la blessure s'envenima et je fus dans l'obligation d'entrer à l'ambulance, où on me tint la jambe en l'air pendant trois jours. J'y fis la connaissance de M. de Perrigny qui venait d'être nommé enseigne de vaisseau et dont la brillante conduite était connue de toute l'armée. Au mois d'avril, n'étant encore que garde-marine, il avait perdu un bras aux Antilles et, au combat du 5 septembre, il s'était encore distingué. Chaque jour, il venait se faire panser, car son bras n'était pas bien cicatrisé, et nous prenions plaisir à parler du Vendômois dont il était aussi. A son retour en France, sa blessure et sa figure juvénile le firent remarquer par la Reine qui obtint pour lui la croix de Saint-Louis malgré son extrême jeunesse. Il devint, comme on sait, député de Loir-et-Cher, commandeur de l'ordre en 1814.

Dès que tout fut réglé à Yorktown, M. de Grasse s'occupa de rembarquer le matériel et les troupes qu'il avait amenés de Saint-Domingue et qui étaient inutiles sur le continent où les opérations cessèrent.

CHAPITRE IX

L'armée, comprenant trente-six vaisseaux de ligne, mit à la voile le 4 novembre et mouilla le 25 à Fort-Royal de la Martinique ; quatre vaisseaux s'étaient séparés de nous le 24 pour aller à Saint-Domingue.

A notre arrivée, nous apprîmes l'expédition de M. le marquis de Bouillé à Saint-Eustache, qui avait été prise par l'amiral Rodney ; celui-ci s'y était vengé sur les trésors des Hollandais de sa honteuse affaire de Saint-Vincent et y avait commis des exactions dignes des flibustiers de la *Tortue*. Tout le butin, chargé sur un convoi de trente bâtiments, fut heureusement capturé par M. de Lamotte-Piquet qui les conduisit à Brest.

M. de Bouillé était parti de Fort-Royal avec 603 hommes de troupes, embarqués sur les frégates *la Médée*, *l'Amazone* et *la Galathée*, commandées par MM. de Girardin, de Village et de Rocard ; il débarqua à Saint-Eustache, dans un endroit jugé inabordable, où plusieurs de ses embarcations se brisèrent ; il ne put mettre à terre que 350 hommes avec lesquels il marcha sur le fort, défendu par une garnison de 730 hommes, y arriva au point du jour et s'en empara avant que l'ennemi eût pu se reconnaître.

Après sa victoire, M. de Bouillé se conduisit avec la plus grande générosité ; il fit remettre aux habitants ce qui restait du pillage de l'amiral Rodney et rendit même au gouverneur anglais une somme considérable que celui-ci affirma être sa propriété personnelle, ce qui, du reste, était faux ainsi qu'on l'apprit plus tard.

M. de Bouillé envoya ensuite un détachement qui s'empara des îles de Saba et de Saint-Martin, puis, après avoir mis des garnisons dans ses conquêtes, il rentra à la Martinique où il trouva notre escadre.

Quelques jours après, M. de Bouillé, toujours infatigable, fit une tentative sur la *Barbade*, mais le mauvais temps et de nombreux abordages causés par les difficultés de la navigation dans les débouquements le forcèrent à renoncer à ce projet. Il se dirigea alors sur Saint-Christophe où l'armée, forte de vingt-six vaisseaux, ayant à bord 6,000 hommes, vint le retrouver le 21 janvier 1782 dans la baie des Salins, au Sud de la ville de Basse-Terre.

Les habitants de la Basse-Terre, exaspérés par les exactions de l'amiral Rodney, firent immédiatement savoir à nos généraux qu'ils entendaient rester neutres. On débarqua les troupes sans éprouver de résistance et M. le marquis de Bouillé, avec son ardeur habituelle, marcha sur Briston-Hill, morne élevé et presque inaccessible, sur lequel les Anglais s'étaient retranchés au nombre de 800 et où ils auraient été inexpugnables s'ils avaient eu des casemates. M. de Bouillé bloqua le fort et l'entoura d'ouvrages, mais ne put l'attaquer par défaut d'artillerie, car le transport qui la portait s'était jeté sur les récifs. Fort heureusement, il trouva au pied du morne huit pièces de 24, plusieurs mortiers et des munitions abandonnées par les Anglais; on hissa le tout à force de bras et les batteries ne tardèrent pas à jouer.

Ayant appris notre départ de la Martinique, l'amiral Hood embarqua à Antigua 1,500 soldats, commandés par le général Prescot, et le 24 janvier ses vingt-deux vaisseaux nous furent signalés par nos frégates près de l'île de Nièves. A cette nouvelle, M. de Grasse fit signal de mettre à la voile, ce qui fut une première faute, car si nous étions restés à notre mouillage, l'ennemi eût été forcé de nous passer sous le vent pour aller jeter des secours dans Briston-Hill, et alors M. de Grasse eût pu appareiller et le surprendre pendant cette opération.

A 2 heures et demie, toute l'armée était sous voiles et se forma en bataille au plus près du vent basbord amures; à 5 heures du soir, la nuit étant très claire, l'ennemi nous passa au vent à trois quarts de lieue environ. Après avoir reviré plusieurs fois ainsi que les Anglais, nous étions, à la pointe du jour du 25 janvier, formés en bataille basbord amures sous Montsarrat, les Anglais faisant route à deux lieues au vent. M. de Grasse avait commis une seconde faute en ne restant pas sous l'île de Nièves, car il aurait empêché les Anglais de nous gagner le vent et de passer entre cette île et nous.

A 8 heures, l'ennemi prit les amures à stribord et nous courûmes à bord opposé; à 11 heures, le chef de file de la ligne anglaise lofa et fit route sur le mouillage de la Basse-Terre que nous avions si maladroitement quitté la veille. M. de Grasse, stupéfait, fit signal au *Pluton* de couper la ligne anglaise en avant du chef de file, ce qui était impraticable, car le *Pluton* était sousventé. Enfin, l'escadre anglaise nous gagnant de vitesse, M. de Grasse reconnut la fausseté de ses manœuvres et signala à l'escadre de chasser sans ordre. Le combat s'engagea entre ceux de nos vaisseaux qui marchaient le mieux et le centre et l'arrièregarde ennemis; M. de Grasse avait prescrit de ne commencer le feu qu'à portée de la mousqueterie et lui-même commença à grande portée de canon. La différence de vitesse de nos vaisseaux fit que l'armée combattit sans ensemble et ne put empêcher les Anglais de gagner la baie où ils mouillèrent de la manière la plus brillante et s'embossèrent beaupré sur poupe, présentant le travers au large.

La manœuvre de l'amiral Hood est de celles que le succès peut seul justifier; elle annonce la plus grande audace et les plus grands talents, mais elle n'eût pas réussi et l'amiral Hood n'aurait pas osé l'entreprendre si M. de Grasse, en manœuvrant convenablement, eût été assez au vent pour lui couper le chemin.

Voyant les Anglais au mouillage, M. de Grasse fit revirer lof pour lof et prit la bordée du large; il s'était toujours figuré que les Anglais avaient l'intention de mouiller à Sandy-Point, au nord de la Basse-Terre et sous le canon de Briston-Hill, afin d'y faire passer des secours : telle était la cause de la singulière situation où nous nous trouvions et qui n'a guère d'équivalent que dans le jeu de barre.

Mais, même dans l'hypothèse de Sandy-Point, notre manœuvre eût été encore défectueuse, car les vents variant entre l'E.-N.-E. et l'E.-S.-E, nous aurions dû nous tenir toujours sous la terre pour empêcher l'ennemi de s'en approcher. En s'emparant de notre mouillage, l'amiral Hood nous faisait une très aimable plaisanterie, mais ne se trouvait pas en position de secourir aussi efficacement Briston-Hill que s'il eût été à Sandy-Point.

Le lendemain 26, dès que la brise fut établie, nous vînmes attaquer les Anglais en défilant devant leur ligne, mais cette canonnade eut peu d'effet ; dans l'après-midi nous recommençâmes la même facétie. Après ces deux essais, on les laissa tranquilles et on se contenta de les bloquer à leur mouillage. Nous avions inutilement perdu 300 hommes et les Anglais autant.

L'ennemi nous demanda la permission d'envoyer ses blessés à Antigua et M. de Grasse y consentit.

Voyant qu'il n'avait rien à craindre, l'amiral Hood entreprit de secourir Briston-Hill et, à cet effet, débarqua 1,500 hommes de troupes qui marchèrent le 28 sur la Basse-Terre. Nous étions fort inquiets de M. le marquis de Bouillé qui allait se trouver entre deux feux, mais M. le comte de Fléchin, mestre de camp en second du régiment de Touraine, se posta si bien avec 300 hommes, attaqua les Anglais si à propos et avec tant d'audace qu'il les arrêta un jour entier et donna le temps à M. de Bouillé d'arriver à son aide ; tous les deux réunis tombèrent sur les Anglais et les forcèrent à se rembarquer après avoir subi de grandes pertes.

Toutes les gazettes célébrèrent la belle action de M. le comte de Fléchin qui fut, pour ce fait, nommé par le Roi mestre de camp commandant du régiment d'Auxerrois ; il avait déjà reçu une lettre de félicitations pour sa conduite à Yorktown.

L'artillerie que nous avions eu la bonne fortune de trouver abandonnée par les Anglais au pied du morne n'étant pas suffisante pour dominer le feu de Briston-Hill, le *Caton* débarqua ses pièces de 24 et, profitant de l'immobilité des Anglais, on sauva le matériel coulé avec le transport qui s'était échoué sur les récifs. M. de

Bouillé put alors mener le siège avec vigueur et le 12, le lord·
Shirtey, voyant qu'il ne pouvait plus se défendre, demanda à capituler; ayant obtenu les conditions les plus honorables, il rendit
la place.

M. de Bouillé, toujours chevaleresque, le traita de la façon la
plus noble et ne voulut pas le retenir prisonnier; les soldats eux-
mêmes purent retourner en Angleterre après s'être engagés à ne
pas servir pendant la guerre.

Nous nous étions emparés facilement quelques jours auparavant
de l'île de Nièves; le jour même de la capitulation de Briston-Hill,
M. de Grasse y mouilla afin de prendre des vivres à bord d'un convoi qui venait d'y arriver, sous les ordres de M. le marquis de
Vaudreuil. De ce point nous pouvions surveiller les Anglais et
M. de Grasse croyait bien qu'ils ne pourraient lui échapper et qu'il
les forcerait à combattre; mais l'amiral Hood, profitant d'une nuit
très noire, fila ses câbles par le bout en laissant des feux allumés
sur des bouées et le lendemain matin, quand M. de Grasse monta
sur le pont pour voir ses ennemis...., ils étaient à quinze lieues de
là. M. de Grasse, de plus en plus surpris du génie inventif de son
adversaire, retourna au mouillage que ce dernier venait de quitter,
·rembarqua ses troupes et, après avoir laissé une garnison suffisante dans l'île, fit route pour le Fort-Royal.

M. le marquis de Bouillé, dont j'ai parlé à différentes reprises,
se distingua de la manière la plus brillante pendant toute la guerre;
il joignait à une extrême bravoure une activité incroyable, de
grands talents et un désintéressement dont les généraux de la République et de l'Empire nous ont fait perdre jusqu'au souvenir,
mais qui alors était monnaie courante. On raconta que le roi
Louis XVI, passant aux environs de la retraite que s'était choisie
le vainqueur de Saint-Christophe, entendit le canon et apprit que
c'était M. de Bouillé qui le tirait. « Je me souviens en effet, dit le
Roi, que je lui ai donné des canons pris à Saint-Christophe et il
les tire en mon honneur; c'est un homme de bien, un loyal gentilhomme qui n'aime que la gloire et ne prend soin que d'elle;

dites-lui que je ne l'oublie pas, car, bien qu'il ne vienne jamais à la cour, je me rappellerai toujours son nom qui a honoré et honore mes armes. » Je rapporte cet incident qui montre l'estime dont M. le marquis de Bouillé jouissait dans l'esprit du Roi et que toute l'armée éprouvait pour lui.

M. de La Clocheterie avait quitté le 25 décembre le commandement du *Jason* pour prendre celui de l'*Hercule*, de 74, que le départ de M. le marquis de Turpin avait laissé vacant ; je n'avais pu le suivre, à mon grand regret, par suite des nécessités du service, mais à mon retour à la Martinique, il eut l'obligeance de me faire revenir à son bord.

Dès que l'escadre fut mouillée, on s'occupa à réparer les vaisseaux et je me trouvai avoir des loisirs dont je profitai pour visiter l'île.

La Martinique a deux capitales, l'une militaire, Fort-Royal, et l'autre commerçante, Saint-Pierre, toutes les deux sur la côte Ouest. Aucune île peut-être ne présente avec plus de variété des sites sauvages ou gracieux dont le rapprochement met en relief les contrastes. Les côtes sont tour à tour très élevées ou s'abaissent brusquement pour se terminer à des grèves de sable fin, bordées de verdure ; dans l'intérieur, on voit des savanes couvertes de champs de cannes à sucre, des collines boisées et dans le lointain se découpent, sur un ciel toujours bleu, des montagnes irrégulières d'une forme bizarre.

La population, formée de blancs, de mulâtres, de métis, de cupres, de quarterons, de tiercerons, de nègres, etc., présente toutes les nuances qu'on peut obtenir en mélangeant une bouteille de lait et une bouteille d'encre, et est aussi divisée moralement que physiquement. Les blancs dédaignent les mulâtres, les mulâtres les cupres, les cupres les noirs ; la proportion de sang blanc indique le degré de considération de chacun.

Les Antilles ont été peuplées par des éléments bien différents ; en général, les créoles descendent de cadets de familles nobles ou de duellistes et de religionnaires expulsés de France, quelques-uns

de gens sans aveu déportés sous le nom d'engagés à la suite de l'é-
dit de 1719. Ces engagés, sorte de condamnés aux travaux forcés,
ne pouvant travailler sous le soleil des tropiques, on fut obligé de
faire venir des nègres de la côte d'Afrique; le contact des deux
races ne tarda pas à engendrer les mulâtres, puis toutes les varié-
tés du blanc au noir.

Les créoles étaient, bien entendu, les premiers par la richesse,
l'éducation et l'honorabilité; je ne sais trop si la Révolution n'a pas
changé tout cela et mis les blancs sur le même pied d'égalité que
les noirs; ils sont d'une tournure élégante et ont une véritable pas-
sion pour le luxe, les fêtes et les plaisirs.

Les hommes de couleur sont en général profondément démoralisés, querelleurs et jaloux de la supériorité des blancs; par contre,
ils professent le plus grand mépris pour ceux qui ont la peau plus
noire.

Toutes proportions gardées, je ne peux mieux comparer leurs as-
pirations qu'à celles de certains Français qui veulent l'égalité avec
ceux dont la position sociale est au-dessus de la leur, mais non
avec leurs inférieurs. N'a-t-on pas vu les incorruptibles conventionnels voter la suppression des titres gagnés honorablement au
service du Roi et s'en affubler dix ans après, quand un soldat heureux leur en eut donné pour les acheter en satisfaisant leur envie
et leur soif d'honneurs? La nature humaine est bien la même partout.

Les noirs sont superstitieux, fourbes, capables de dévouement,
mais aussi des cruautés les plus horribles; ils sont bons pour les
durs travaux, mais on ne peut songer à orner ces intelligences peu
supérieures à celles des animaux.

Les blancs méprisent donc les hommes de couleur qui, humi-
liés de leur infériorité, haïssent ceux à qui ils doivent la vie et se
vengent sur les noirs de la nuance d'épiderme dont ils sont héritiers; de leur côté, les nègres reconnaissent la supériorité des
blancs, mais conspirent contre eux parce qu'ils sont leurs maîtres
et abhorrent les mulâtres qui aspirent à le devenir.

La population caraïbe des Antilles est presque entièrement disparue et s'il en reste encore, c'est à Saint-Vincent et à la Trinité ; c'était une belle race nomade et guerrière qui résista longtemps aux Européens.

Avant d'être colonie relevant de la couronne, la Martinique a appartenu à deux Français qui l'occupèrent au nom du Roi, y construisirent un fort qui est devenu Fort-Royal et s'emparèrent de Sainte-Lucie, des Grenadines et de la Grenade. A leur mort, leur héritier fut nommé capitaine-général ; il fut exproprié quelques années plus tard par une compagnie qui fit banqueroute et revendit ses possessions au Roi.

Si la Martinique relevait de la couronne, elle entendait cependant conserver une certaine liberté et le fit bien voir dans une circonstance mémorable. Vers 1725, je crois, le gouverneur et l'intendant étaient MM. de la Varenne et de Ricouard ; ce dernier mécontenta les créoles par des procédés attentatoires à leurs privilèges, et comme leurs représentations restaient sans effet, ils complotèrent de s'en débarrasser. A cet effet, les conjurés les invitèrent à un dîner pendant lequel la milice vint les arrêter et alla les embarquer sur un navire, avec défense de reparaître dans l'île sous peine de mort. Le procédé était vif, mais le Roi reconnut que les plaintes des colons étaient fondées et nomma d'autres administrateurs.

Après la prise de Saint-Christophe, le moment parut favorable pour exécuter sur la Jamaïque un plan caressé depuis longtemps par la France et l'Espagne. M. de Grasse devait conserver le commandement de la flotte combinée, mais l'escadre espagnole ne vint pas au rendez-vous ainsi qu'il était convenu.

Les réparations des navires avaient rapidement vidé nos magasins et, pour les terminer, il fallut attendre l'arrivée d'un convoi parti de Cadix avec des rechanges et des troupes.

Le 6 mars, nous apprîmes que l'amiral Rodney était arrivé à Sainte-Lucie venant d'Angleterre et qu'avec 36 vaisseaux il se trouvait mouillé à la pointe de la Tartane au vent de la Martini-

que ; il y avait donc à craindre que le convoi de Cadix ne fût capturé par lui. M. de Grasse se tint prêt à appareiller à la première
nouvelle pour les secourir avec ses vaisseaux les moins avariés,
mais les Anglais étaient mal postés, le commandant du convoi,
M. de Genouilly, déjoua leur attente en passant par le Nord de la
Désirade et il vint mouiller sans accident près de nous le 20 mars.
On dit qu'en l'apprenant, l'amiral Rodney, qui comptait encore sur
un riche butin pour se faire pardonner ses méfaits à Saint-Eustache, cassa de colère sa longue-vue sur le dos de l'officier qui lui
apporta cette mauvaise nouvelle.

Avec M. de Genouilly étaient arrivés les vaisseaux *la Couronne*
de 80 qu'il commandait, *le Magnifique* de 74, *le Dauphin-Royal* de
70, les frégates *la Friponne* et *l'Engageante*, enfin la corvette *la
Cérès*.

On utilisa avec la plus grande ardeur les ressources apportées
par le convoi et, quand tout fut prêt, M. de Grasse annonça son
départ avec une sorte de forfanterie ; depuis le combat de la Chesapeake il ne doutait plus de rien, se croyait le grand homme de
mer des temps modernes et n'écoutait, ne consultait aucun de ses
officiers.

Le 8 avril, sans même attendre le *Saint-Esprit* de 80, dont les
travaux étaient presque terminés, l'escadre et le convoi mirent à
la voile pour Saint-Domingue ; on fit route les amarres à stribord
en serrant les terres de la Martinique.

Le convoi avait appareillé à la pointe du jour, escorté des vaisseaux *le Sagittaire* et *l'Experiment* et des frégates *le Richmond*, *la
Railleuse* et *l'Engageante* ; l'armée ne mit à la voile qu'à huit
heures.

L'opération que nous avions en vue présentait de grandes difficultés, car il fallait conduire à Saint-Domingue, lieu de rendez-
vous général, un convoi considérable en présence d'une escadre
plus forte que la nôtre. Si M. de Grasse avait attaqué plus énergiquement l'amiral Hood à Saint-Christophe, il aurait pu facilement
lui causer un grave échec ou tout au moins le mettre hors d'état

de faire sa jonction avec les 17 vaisseaux de l'amiral Rodney venant d'Angleterre. Mais, comme on a vu, il commit faute sur faute et prépara ainsi le désastre dont je vais raconter les tristes détails.

Quos vult perdere Jupiter dementat.

CHAPITRE X

BATAILLE DU 12 AVRIL

En apprenant l'heureuse arrivée de notre convoi, l'amiral Rodney était allé mouiller au Gros-Ilet de Sainte-Lucie d'où, se tenant prêt à appareiller, il envoya ses frégates nous surveiller. Quelques-unes de ces dernières étaient toujours en vue, fuyant quand les nôtres les chassaient, puis revenant immédiatement reprendre leur poste d'observation.

Au moment où nous quittions le mouillage, les vigies signalèrent un grand nombre de voiles à toute vue, mais M. de Grasse ne parut pas s'en préoccuper et continua sa route sans ordre.

Le soir, les frégates de l'arrière-garde signalèrent que l'ennemi se rapprochait; M. de Grasse ne prit encore aucune disposition.

Nous tombâmes en calme pendant la nuit sous la Dominique et le lendemain 9, au point du jour, on vit derrière nous 36 vaisseaux, dont 6 à trois ponts ; 2 de nos vaisseaux, *l'Auguste* et *le Zélé*, qui s'étaient laissés sous-venter pendant la nuit, en étaient peu éloignés. Notre armée se trouvait dispersée et en désordre ; seule la *Ville-de-Paris*, et quelques vaisseaux étaient à l'entrée du canal des Saints avec petite brise ; le reste de l'armée et du convoi étaient en calme. Bientôt quelques risées du large, que nous ne ressentions pas, permirent à l'avant-garde anglaise de se rapprocher, ce qui mettait M. de Grasse en situation d'avoir son convoi enlevé et une partie de son escadre détruite. Nous trépignions de colère et d'inquiétude devant tout ce désordre ; fort heureusement, les Anglais ne profitèrent pas de l'occasion qui s'offrait à eux. Enfin, M. de Grasse, voyant que la brise s'était faite, nous signala de former l'ordre de bataille les amures à basbord et au convoi de continuer sur l'autre bord vers le mouillage de la Guadeloupe ; les signaux s'exécutèrent avec assez de précision et de vitesse. Lorsque notre avant-garde fut à hauteur des vaisseaux de tête ennemis, qui se trouvaient très en avant de leur corps de bataille toujours encalminé, nous reprîmes les amures à stribord et la deuxième escadre, aux ordres de M. le marquis de Vaudreuil, reçut l'ordre de courir sur les Anglais et de commencer le combat.

Après une heure d'un engagement très vif à petite distance, le *Royal-Oak* s'éloigna avec son grand mât coupé au ton, ainsi que le *Montagu*, qui avait perdu deux mâts de hune ; puis, les Anglais ayant laissé porter tandis que nous serrions le vent, les deux lignes s'éloignèrent et le feu cessa. En cette circonstance, M. de Grasse aurait pu écraser la deuxième escadre anglaise en jetant toutes ses forces sur elle pendant qu'elle ne pouvait être secourue, mais il ne le fit pas et manqua une belle occasion ; il donna seulement l'ordre au convoi de profiter de l'échec éprouvé par l'avant-garde ennemie pour remettre à la voile. Les vaisseaux engagés passèrent la nuit à se réparer.

Le combat du 9 avril pouvait passer pour une espèce de succès, puisque nous avions sauvé notre convoi, mais il était évident que ce n'était qu'un lever de rideau et que les deux armées ne tarderaient pas à se mesurer pour obtenir un avantage décisif.

Nos gréements avaient beaucoup souffert des nouvelles pièces employées par les Anglais et appelées caronades ; ces canons, très courts et d'un fort calibre, nous jetaient une véritable grêle de boulets ramés ou enchaînés qui coupaient en un instant toutes les manœuvres et de grappes de raisin très meurtrières ; on peut dire que ces caronades, qui tiraient deux fois plus vite que nos longs canons, doublaient la force du vaisseau qui les utilisait ; nous n'avions pas besoin de cette cause d'infériorité et nous n'allions pas tarder à nous en assurer encore mieux à nos dépens.

Du 9 au 11, avec des vents de la partie de l'Est, nous louvoyâmes pour nous élever entre la Guadeloupe et la Dominique, afin de gagner Saint-Domingue par le Nord, entraîner l'ennemi à

notre suite et donner le temps au convoi de s'échapper sous le
vent ; nous y aurions sans doute réussi sans la mauvaise manœuvre
du *Zélé,* qui aborda le *Jason* dans la nuit du 10 au 11 ; ce dernier
vaisseau dut relâcher à la Guadeloupe ainsi que le *Caton,* dont la
mâture était en mauvais état. Le 11, dans la journée, l'armée allait doubler les îles des Saintes quand elle fut obligée de laisser
arriver pour couvrir le *Zélé* qui avait dérivé. Dans la nuit du 11 au
12, le calme empêcha les deux armées de faire route, mais vers
2 heures du matin, le *Zélé,* qui décidément ne devait faire que
des fautes, chercha à profiter d'une brise folle pour se relever au
vent, croisa la *Ville-de-Paris* qui était stribord amures, l'aborda,
lui défonça des voiles et cassa son mât de misaine et son beaupré.
Cet accident, qui eut les conséquences les plus désastreuses, était
entièrement imputable au *Zélé,* dont l'officier de quart avait mé-
connu les règlements qui prescrivent au navire basbord amures de
céder la route à celui qui est stribord amures, surtout, ce qui était
le cas, quand le premier court largue.

L'officier coupable prétendit que, par l'effet de la nuit, il n'avait
pu se rendre compte de la direction suivie par la *Ville-de-Paris.* La
frégate l'*Astrée* remorqua le *Zélé* à la Guadeloupe et au point du
jour ils faisaient bonne route, poursuivis de loin par quelques
vaisséaux anglais.

A ce moment, c'est-à-dire vers 5 heures du matin, l'armée était
en désordre et il y avait environ trois lieues entre les navires sous-
ventés et les autres. M. de Grasse, craignant que le *Zélé* ne fût
pris, fit gouverner entre lui et les Anglais, car il avait malgré tout
conservé l'avantage du vent ; puis il signala de former la ligne de
bataille en ordre renversé basbord amures, en forçant de voiles.

L'amiral Rodney, voyant que ses navires qui chassaient le *Zélé* et
s'en trouvaient à plusieurs milles allaient être coupés, les rappela.

Vers 7 heures, MM. de Vaudreuil et de Bougainville vinrent
prendre leurs places avec une partie de leurs escadres et les deux
armées, dont les routes se coupaient, s'approchèrent rapidement.
A ce moment, il ne faut pas l'oublier, le *Zélé* était hors d'atteinte.

Nous étions tête de ligne et le *Malborough*, chef de file anglais, avait le cap sur nous ; voyant qu'il ne pourrait nous passer au vent, il gouverna de façon à nous prolonger par-dessous le vent ; il était 8 heures quand, notre armée n'étant pas encore formée, M. de Grasse signala de laisser porter au S.-S.-O. et de se préparer à commencer le combat ; les Anglais couraient au plus près stribord amures et nous avec quatre quarts de largue basbord amures.

Les premiers coups de canon furent tirés par le *Brave*, et son exemple fut rapidement suivi par l'escadre bleue dont nous faisions partie ; à 8 heures et demie, M. de Grasse fit signal de virer de bord lof pour lof tout à la fois ; c'était au *Pluton*, serre-file de l'armée, à commencer le mouvement, mais son capitaine, M. d'Albert de Rions, crut qu'il y avait une erreur de transmission, car cette manœuvre, exécutée à portée de pistolet et par très faible brise, nous aurait mis dans la dangereuse position d'être pris d'enfilade et balayés pendant fort longtemps sans pouvoir répondre ; il était d'autant plus convaincu d'une erreur dans la répétition des signaux qu'aucun des autres vaisseaux ne commença le mouvement ainsi qu'on l'avait vu faire particulièrement au *Zodiaque* à la bataille d'Ouessant le 27 juillet 1778.

Voyant que son ordre ne s'exécutait pas, M. de Grasse signala de serrer le vent, puis, bientôt après, de virer de bord lof pour lof par la contre-marche.

Cette fois, c'était à nous de commencer le mouvement, mais la fumée était si épaisse qu'on distingua difficilement le signal pendant un instant où la fumée était un peu moins épaisse ; M. de La Clocheterie, craignant de l'avoir mal compris, n'osa commencer l'évolution et, cette fois encore, aucun des vaisseaux placés entre l'amiral et nous n'en prit l'initiative, ce qui, du reste, était presque impossible vu la proximité de l'ennemi.

Jusqu'alors nous n'avions eu affaire qu'aux première et troisième escadres anglaises ; à 10 heures, l'arrière-garde ennemie entra en ligne au moment où, par un malheureux hasard, le vent sautait de

l'Est au S.-E. ; notre armée, obligée d'arriver de quatre quarts pour
ne pas masquer, se trouva disposée en échiquier, nos vaisseaux ne
présentant que la hanche à l'ennemi ; cette position désavantageuse
nous donnait une grande infériorité pour répondre au feu déjà très
supérieur de l'ennemi ; les caronades produisaient sur nous à cette
courte distance des avaries graves et continuelles dans le gréement
et, en cherchant à les réparer, nous perdions par l'effet d'une
mousqueterie très nourrie et bien dirigée nos meilleurs matelots.
Ces braves gens ne s'effrayaient pas du danger et continuaient leur
travail avec ardeur ; mais à chaque instant on en voyait qui, blessés, lâchaient prise et venaient en tournoyant s'écraser à nos pieds.
Dans les batteries, le carnage n'était pas moins grand et le sang
ruisselait à pleins dallots ; on ne s'entendait plus par le tapage
infernal de cinq mille canons et on ne voyait rien à cause de la
fumée.

A 10 heures et quart, quatre vaisseaux anglais coupèrent notre
ligne en passant sur l'arrière du *Glorieux* et sur l'avant du *Diadème*,
les criblèrent de boulets, mais particulièrement le premier de ces
vaisseaux, qui présentait l'arrière sans défense à leurs coups ; ils le
démâtèrent de tous ses mâts, tuèrent son brave capitaine, M. d'Escars, puis prolongèrent notre deuxième escadre qui se trouva ainsi
obligée de combattre des deux bords ; d'autres vaisseaux anglais
firent la même manœuvre en passant sur l'arrière du *César,* qui perdit son gouvernail et son mât d'artimon, et sur l'avant de l'*Hector,*
dont le mât de misaine fut coupé à six pieds du pont ; les uns et
les autres se trouvèrent hors d'état de manœuvrer et tombèrent
sous le vent ; le *Glorieux* n'était plus qu'une épave à la merci de
l'ennemi quand la frégate *le Richmond,* capitaine M. de Mortemart,
que nous avions prise dans la Chesapeak, vint héroïquement lui
donner la remorque ; mais M. de Trogoff, qui avait pris le commandement après la mort de M. d'Escars, la fit couper quand il vit
que la frégate entourée d'ennemis allait succomber inutilement.

A ce moment, c'est-à-dire vers 10 heures et demie, le combat
était dans toute sa fureur ; je revenais de porter un ordre à l'avant

et je retournais reprendre mon poste près de M. de La Clocheterie quand l'*Arrogant* nous envoya toute sa hordée ; l'échelle de la dunette que je montais fut brisée par un boulet et je fus jeté si rudement sur le pont que je perdis connaissance. Je restai là étendu pendant quelque temps et, quand je repris mes sens, je ne vis plus M. de La Clocheterie à son poste. On me dit alors qu'il avait été tué au moment même où j'étais renversé ; je n'ai pas besoin de dire combien la perte de cet excellent ami me fut sensible, car depuis quatre ans j'avais partagé les mêmes dangers et vécu avec lui dans une véritable intimité ; il faut avoir cohabité pendant longtemps sur le même vaisseau pour savoir quelle force peut atteindre l'amitié doublée d'un grand respect dû à un chef doué des plus rares et des plus aimables qualités.

Au moment de sa mort, il devait être 11 heures ; j'eus donc au moins la consolation de penser qu'il avait succombé avant d'avoir pu pressentir notre désastre.

En voyant emporter le cadavre sanglant de leur capitaine qu'ils aimaient comme un père, les matelots consternés cessèrent le combat, mais M. le chevalier de Coatlès prit immédiatement le commandement et le feu recommença.

A 1 heure, le combat se ralentit un peu, la brise dissipa la fumée et j'aperçus le *Glorieux* immobile avec son grand pavillon blanc tout déchiré flottant encore à sa poupe ; l'armée était divisée en trois tronçons : l'escadre blanche et bleue à quatre milles sous le vent de la blanche, et la nôtre à deux milles au vent de cette dernière ; au vent enfin, le *César* et l'*Hector* en très mauvais état et peu éloignés de plusieurs vaisseaux anglais.

Bientôt, M. de Grasse signala l'ordre de bataille renversé basbord amures, mais le calme qui régnait près de terre n'en permit pas l'exécution et les Anglais, toujours favorisés par le vent, en profitèrent pour s'emparer du *Glorieux*, de l'*Hector* et du *César*, hors d'état de se défendre, et pour attaquer les vaisseaux isolés. C'est à ce moment que l'*Ardent*, dont on se rappelle la singulière prise en vue du phare d'Eddystone, fut entouré d'ennemis et forcé d'amener son pavillon. En même temps, la *Ville-de-Paris*, le *Triomphant*, le *Languedoc*, la *Bourgogne*, la *Couronne*, le *Sceptre*, le *Magnifique* et le *Pluton* luttaient des deux bords contre des forces triples ; à 6 heures et demie, M. de Grasse, canonné par sept vaisseaux, amena son pavillon après une longue résistance ; sa mâture était entière, mais il paraît cependant qu'elle ne tenait plus et risquait de venir en bas ; l'équipage aussi était épuisé de fatigue et cruellement réduit, a-t-on dit. Je veux le croire pour l'honneur de M. de Grasse qui, s'il avait tenu une heure de plus, aurait pu s'épargner cette honte en s'embarquant sur un des vaisseaux de M. de Vaudreuil qui arrivait à son secours. Mais M. de Grasse ne voulut pas attendre et vit d'un œil sec amener le pavillon du premier vaisseau-amiral français pris dans de semblables conditions.

Il a été fait tant de récits de la bataille du 12 avril que je ne crois pas devoir en donner d'autres détails ; du reste, le désordre était si grand et la fumée si épaisse qu'il aurait fallu être à bord de chacun des vaisseaux pour pouvoir rendre un compte exact de tous les incidents de cette malheureuse journée où nous perdîmes 3,000 hommes, 6 capitaines de vaisseau tués et une centaine d'autres officiers tués ou blessés ; les capitaines tués étaient MM. de La Clocheterie, de Sainte-Césaire, d'Escars, du Pavillon, de La Vicomté et de Marigny, capitaines de l'*Hercule*, du *Northumberland*, du *Glorieux*, du *Triomphant*, de l'*Hector* et du *César*.

Ordre et forces des deux armées à la bataille du 12 avril.

Ligne française.			Ligne anglaise.		
ESCADRE BLEUE (3ᵉ).			TROISIÈME ESCADRE.		
Hercule. De La Clocheterie.	74 canons.		*Marlborough.* Penny . .	74 canons.	
Neptune. D'Aleins. . . .	74	—	*Arrogant.* Cornish. . . .	74	—
Souverain. De Glandevès.	74	—	*Alcide.* Thompson. . . .	74	—
Palmier. De Martelly . .	74	—	*Monench.* Truscott . . .	74	—
Northumberland. De Sain-			*Conqueror.* Balfour . . .	74	—
te-Césaire	74	—	*Princess.* Drake. . . .	70	— A

Auguste. De Bougainville.	80	canons A	*Prince Georges*. Williams.	98	canons.
Ardent. De Gouzillon . .	64	—	*Torbay*. Gidoin	74	—
Scipion. De Clavel . . .	74	—	*Anson*. Blair	64	—
Brave. D'Amblimont. . .	74	—	*James*. Barber	74	—
Citoyen. D'Ethy.	74	—	*Russell*. Saumarez . . .	74	—

ESCADRE BLANCHE (1ʳᵉ).			PREMIÈRE ESCADRE.		
Hector. De la Vicomté. .	74	canons.	*America*. Thompson. . .	64	canons.
César. De Marigny . . .	74	—	*Hercules*. Savage⁹. . . .	74	—
Dauphin royal. De Roque-			*Protée*. Buckner.	64	—
feuil	70	—	*Resolution*. Manners. . .	74	—
Languedoc. D'Arros . . .	80	—	*Agamemnon*. Caldwell. .	64	—
Ville-de-Paris. De Grasse.	104	— GA	*Duke*. Gardner	98	—
Couronne. De Genouilly .	80	—	*Formidable*. Rodney. . .	98	— GA
Éveillé. De Tilly	64	—	*Namur*. Inglès	90	—
Sceptre. Comte de Vau-			*Sᵗ-Albans*. Cornwalis . .	64	—
dreuil.	74	—	*Canada*. Dumaresq . . .	74	—
Glorieux. D'Escars . . .	74	—	*Repulse*. Charrington . .	64	—
			Ajax. Fanshow.	74	—
			Bedfort. Affluck	74	—

ESCADRE BLANCHE ET BLEUE (2ᵉ).			DEUXIÈME ESCADRE.		
Diadème. De Montéclair .	74	canons.	*Prince Williams*. Wilkin-		
Destin. De Goimpy . . .	74	—	son.	64	canons.
Réfléchi. De Médine. . .	64	—	*Magnificent*. Linzec . . .	74	—
Magnanime. Le Bègue. .	74	—	*Centaur*. Inglefield . . .	74	—
Conquérant. De la Gran-			*Belliqueux*. Sutherland .	64	—
dière	74	—	*Warrior*. Walace	74	—
Magnifique. Mac Arthy. .	74	—	*Monarch*. Reynolds . . .	74	—
Triomphant. Marquis de			*Barfleur*. Hood.	90	— A
Vaudreuil	80	— A	*Valiant*. Goodaal	74	—
Bourgogne. De Charitté .	74	—	*Yarmouth*. Parry	64	—
Duc-de-Bourgogne. D'Espi-			*Montagu*. Bowen	74	—
nouze.	80	—	*Alfred*. Edy	74	—
Marseillais. De Castel-			*Royal Oak*. Burnett . . .	74	—
lane.	74	—			
Pluton. D'Albert de Rions.	74	—			

Total : 30 vaisseaux et 2,246 canons.   Total : 36 vaisseaux et 2,674 canons.

Il nous manquait, comme je l'ai dit, le *Saint-Esprit*, de 80, resté au Port-Royal; le *Zélé*, qui avait fait tant de fautes et causa par le fait notre désastre, enfin le *Jason* et le *Caton*, relâchés pour avaries à la Guadeloupe.

Nos forces étaient donc sensiblement inférieures à celles des Anglais, d'autant que ceux-ci avaient six vaisseaux à trois ponts et nous un seul, la *Ville-de-Paris*.

Malgré cette disproportion, si M. de Grasse ne s'était pas entêté à couvrir le *Zélé* qui ne courait aucun danger, si surtout il avait saisi l'occasion d'écraser l'avant-garde anglaise pendant que le reste était encalminé, nous aurions pu tout au moins faire à l'ennemi autant de mal qu'il nous en causa.

On m'objectera que les deux manœuvres ordonnées par M. de Grasse et non exécutées ont détruit ses combinaisons; il n'en est rien, car ces mouvements auraient placé l'armée dans la situation la plus critique; c'est si vrai que MM. de La Clocheterie et d'Albert de Ryons, les meilleurs capitaines de l'armée, n'osèrent les exécuter croyant avoir mal interprété les signaux de l'amiral; ce dernier reconnut du reste plus tard que ses manœuvres auraient été dangereuses et étaient d'une exécution presque impossible.

Après avoir amené son pavillon, M. de Grasse fut conduit à bord du *Formidable*, vaisseau-amiral anglais. M. le marquis de Vaudreuil prit immédiatement le commandement, fit signal de ralliement et, voyant qu'il n'y avait pas un instant à perdre pour sauver les débris de l'armée, il se dirigea avec onze vaisseaux sur Saint-Domingue; les autres y arrivèrent successivement; quant à nous, nous allâmes avec le *Pluton*, le *Marseillais* et l'*Éveillé* nous réparer à Curaçao; le 11 mai nous rejoignîmes l'armée à Saint-Domingue, où se trouvaient aussi quatorze vaisseaux espagnols qui, en venant se joindre à nous comme il était convenu, nous auraient donné la supériorité de forces et la victoire.

Les Anglais étaient trop maltraités pour nous poursuivre et durent passer plusieurs jours à se réparer avant de faire route; ensuite, l'amiral Hood alla se poster entre Porto-Rico et Saint-Domingue pour s'emparer de nos vaisseaux isolés; le 19 avril, il prit ainsi le *Jason*, le *Caton* et l'*Aimable* qui venaient de la Guadeloupe pour nous rejoindre.

Le 13 mai, M. le chevalier de Brass, capitaine de la *Néréide*, prit le commandement de l'*Hercule* à la place de M. le chevalier de Coatlès, qui n'était que lieutenant de vaisseau.

On ne pouvait songer à reprendre l'expédition projetée contre la Jamaïque; aussi, dès que l'escadre fut réparée, autant que sa position et la disette de rechanges le permettaient, l'escadre fit voile le 4 juillet pour l'Amérique septentrionale en passant par le vieux canal, la côte N. de Cuba et le canal de Bahama, où l'escadre espagnole de Don Solano nous quitta pour aller à la Havane.

Avant de partir du cap français, M. le marquis de Vaudreuil avait expédié un convoi de 200 voiles sur la France et une division composée du *Sceptre*, de l'*Engageante* et de l'*Astrée*, aux ordres de M. de La Pérouse, sur la baie d'Hudson, où cette expédition ruina les établissements anglais.

Après nous être séparés des Espagnols, notre escadre, forte de treize vaisseaux, donna la chasse à plusieurs vaisseaux anglais qu'on ne put joindre et mouilla à Boston le 9 août, après une traversée sans intérêt.

Notre premier soin fut de remplacer nos mâts qui, ayant été avariés par les boulets, ne tenaient plus et risquaient à chaque instant de tomber dès que la brise fraîchissait un peu; notre doublage avait aussi besoin de réparations. On sait que dans les mers chaudes les carènes se couvrent rapidement d'herbes et de coquillages qui font bientôt du navire le meilleur marcheur un véritable ponton; c'est pour obvier à cet inconvénient que, pour en atténuer l'effet, les Anglais avaient eu l'idée quelques années auparavant de recouvrir les carènes de feuilles de cuivre. Beaucoup de nos vaisseaux n'étaient pas doublés, surtout parmi les vieux, tandis que tous ceux des Anglais l'étaient; or, comme dans une escadre on règle la marche sur le plus mauvais voilier, il en résultait que nous ne pouvions atteindre nos ennemis que quand ils voulaient bien nous attendre, c'est-à-dire lorsqu'ils étaient les plus forts.

Boston n'ayant pas de gril de carénage, on fut obligé, pour sauver le *Triomphant*, dont la coque avait reçu un nombre incroyable de boulets et que les pompes ne suffisaient plus à tenir à flot, on fut obligé, dis-je, de l'abattre en carène en pleine rade de Nantucket ; cette difficile et dangereuse opération s'exécuta sans accident.

A peu de jours de là, le *Magnifique* se perdit par la faute du pilote américain en changeant de mouillage : avec beaucoup de peine on sauva les agrès et une partie de l'armement, mais le vaisseau s'étant cassé à mer basse, on ne put le relever. Le Congrès, touché de cette perte, nous donna l'*America* de 74, qui était prêt à être lancé à Portsmouth.

Boston, qui comptait alors 20,000 habitants, est une assez jolie ville construite en briques ; certaines rues sont droites et larges, mais quelques quartiers présentent l'aspect le plus misérable. Cette ville a été le berceau de Franklin et le foyer de la révolution qui a procuré la liberté aux États-Unis. Le peuple de Massachuset est celui qui a fourni les troupes les moins mauvaises, celui qui s'est montré le plus énergique et le plus courageux ; les autres États n'ont jamais fait preuve d'autant de patriotisme. Presque tous les Américains étaient comme cet individu qui, ayant eu quelque peu à souffrir de la présence des soldats de M. de Rochambeau, réclama une indemnité excessive à celui-ci ; comme il hésitait à payer, l'Américain alla trouver le shérif qui n'hésita pas à ordonner l'arrestation de M. de Rochambeau au milieu de son armée ; ce dernier ne put s'en débarrasser qu'en donnant une forte caution. Ce joli trait de mœurs peint les Américains qui acceptaient notre concours mais prenaient leurs précautions pour éviter les inconvénients de la guerre.

Boston m'a paru avoir une physionomie toute différente des autres villes des États-Unis que j'ai vues : les vieilles coutumes des puritains s'y sont conservées intactes et nulle part on ne trouve une plus grande sévérité de mœurs, une vie de famille plus austère, tout au moins en apparence, car le diable ne perd jamais ses droits. Le dimanche, c'est une ville morte, tous les magasins sont fermés, toutes les portes sont closes, tout mouvement est suspendu : on n'entend que les hymnes nasales du temps de Cromwell, chantées par des gens qui semblent assister à une cérémonie funèbre tant ils ont l'air lugubre. Dans les librairies on ne trouve absolument à acheter que des livres de piété.

Je n'ai vu à Boston qu'un spectacle amusant, une procession ou pour mieux dire une mascarade de francs-maçons, affublés d'insignes grotesques et marchant avec un air tout à fait sérieux et important. Un grand nombre d'officiers et de soldats français, se laissant séduire par des programme philanthropiques, s'affilièrent à cette société, embrassèrent des idées républicaines qui n'avaient pas encore fait leurs preuves et firent à leur tour des prosélytes en rentrant en France. La secte de la franc-maçonnerie eut alors beaucoup d'adeptes dans l'armée et la marine, prépara dans l'ombre et le mystère, avec un esprit de suite infernal, le renversement de notre auguste et glorieuse monarchie.

On peut affirmer que la guerre d'Amérique a été une des causes principales de la Révolution française en faisant considérer, même par les royalistes, les principes démagogiques comme des idées purement humanitaires.

Tout le monde, et on l'a vu en 1789, travailla d'une façon inconsciente, en toute sincérité et bonne foi, aux réformes jugées nécessaires, mais sans prendre des mesures capables d'endiguer le torrent déchaîné.

Louis XVI, on se le rappelle, était avec raison opposé à toute intervention en faveur des Américains révoltés contre la mère-patrie ; il fallut pour lui forcer la main l'entraînement de l'esprit public, désireux de se venger de l'Angleterre.

Le havre de Boston est très sûr pour les bâtiments de commerce, mais il est peu commode pour les vaisseaux, car il est rempli de bancs et de bas-fonds ; les passes sont nombreuses mais si étroites qu'il est presque impossible à un navire un peu long d'y faire ses évolutions assez rapidement pour ne pas s'échouer ; seul le mouillage de Nantucket est d'un abord facile.

La ville est située sur une presqu'île montueuse, reliée à la terre par une étroite chaussée longue d'une lieue, qui serait d'une dé-

fense facile si on la fortifiait; vis-à-vis de Boston et aussi sur une
presqu'île se trouve la ville de Charlestown, séparée de la première
par un canal de cent toises de largeur.

Charlestown, détruite par les Anglais qui la prirent au mois de
mai 1780, avait été le théâtre, au mois de juillet 1776, de la première affaire militaire un peu importante de cette guerre. C'est
là, comme je l'ai dit, que la flotte anglaise, forte de quarante vaisseaux, éprouva un grave échec.

Lorsque notre escadre fut réparée, l'armée qui attendait ce moment à Providence se rapprocha de Boston où l'artillerie arriva le
18 novembre et les autres troupes dans les premiers jours de décembre. A ce moment on parla beaucoup de la paix prochaine.

L'embarquement et les derniers préparatifs nous retinrent jusqu'au 24 décembre, jour où l'armée appareilla pour une destination tenue secrète, car nous étions entourés d'espions américains;
un navire du convoi se jeta sur les rochers en mettant à la voile et
fut perdu.

Nous devions croiser au large pour attendre l'*Auguste,* le *Pluton,*
l'*Amazone* et le vieux *Fantasque,* mais le mauvais temps, qui avait
commencé dans la nuit qui suivit notre départ, nous força à faire
route au Sud après avoir donné congé à la frégate l'*Isis,* qui re-
tournait en France.

Le 19 janvier 1783, nous étions en vue de Porto-Rico après une
traversée contrariée de coups de vent continuels ; la navigation à
cette époque de l'année est extrêmement dangereuse et difficile
sur les côtes de l'Amérique septentrionale ; nous avions mis en
panne pour attendre le convoi que nous avions perdu dans une tempête quelques jours auparavant, quand l'*Aigrette* vint nous apprendre que l'escadre anglaise, forte de onze vaisseaux et cinq frégates,
se tenait dans les parages de Saint-Domingue ; c'était trop pour
nous qui n'avions que dix vaisseaux en mauvais état et des équipages très réduits par la maladie et le feu de l'ennemi.

L'*Aigrette* nous dit aussi qu'au Cap on parlait de la paix qui semblait prochaine.

Le 27 janvier, M. de Vaudreuil appela les capitaines à l'ordre pour leur apprendre que nous allions nous diriger sur Porto-Cabello, dans la Nouvelle-Espagne, où des ordres devaient nous être envoyés pour une expédition projetée dont le but était inconnu.

L'escadre et le convoi étaient séparés depuis longtemps et les navires arrivèrent les uns après les autres à Porto-Cabello à l'exception de la *Bourgogne,* qui se perdit sur les hauts-fonds d'Aves, près de Curaçao, avec 400 hommes ; au nombre de ceux qui se sauvèrent sur des radeaux ou dans les embarcations se trouvait le célèbre corsaire Paul Jones, d'origine écossaise, qui avait fait éprouver aux Anglais de grandes pertes depuis le commencement de la guerre. En 1777, il avait ravagé les côtes de Cumberland, et pris une quantité de navires. L'année suivante, avec le *Bonhomme-Richard,* corsaire de 40 canons qu'il commandait, il prêta le côté à la frégate anglaise *la Séraphis,* dont il s'empara après que son propre navire eut coulé et qu'il eut perdu les trois quarts de son équipage ; c'est peut-être le combat le plus acharné dont l'histoire fasse mention. On racontait sur son compte beaucoup d'actions du même genre et en Amérique, où il jouissait d'une grande popularité, le Congrès l'avait nommé commodore en récompense de ses services.

Paul Jones relâcha plusieurs fois dans les ports de France pour faire radouber ses navires ou conduire ses prises ; pendant un de ses séjours à Lorient, il alla à Versailles et fut reçu par le Roi qui s'intéressa au récit de sa vie aventureuse pendant laquelle il avait été tour à tour jardinier, négrier, un peu pirate, je crois, et enfin colon ; ses plantations de Virginie ayant été ravagées par les Anglais, il leur voua une haine terrible et débuta sur un petit corsaire dont il ne tarda pas à devenir capitaine ; ses succès lui firent obtenir un grand corsaire ; on sait le reste.

Le Roi lui fit présent d'une magnifique épée et de la croix du Mérite militaire ; il paraît que l'intrépide corsaire, qui se faisait appeler en France le chevalier Paul, fut mécontent de ne pas recevoir la croix de Saint-Louis, bien qu'il ne pût y prétendre en sa qualité de protestant.

A notre retour en France, après la paix, il demanda à être admis dans la marine royale avec le grade de lieutenant-général, ce qui, bien entendu, lui fut refusé ; il prit alors du service en Russie sous les ordres du prince de Nassau, quitta ce pays à la suite de je ne sais quelle histoire, puis revint à Paris où il mourut dans la misère en 1793.

Porto-Cabello, où nous arrivâmes le 10 février 1783, n'est pas une ville mais une réunion d'affreuses masures, située au fond du golfe Triste et à trente lieues dans l'ouest de la Guayra ; c'est une colonie espagnole peuplée de nègres, d'indiens et d'Espagnols aussi noirs que les indiens ; les femmes y sont repoussantes de laideur et de malpropreté, les enfants, tous nus comme des vers, ressemblent à des outres tant ils ont le ventre gonflé ; on serait bien embarrassé de dire à quelle espèce ils appartiennent, car ils tiennent à la fois des trois races. Quelques commerçants sont riches mais la plupart des Espagnols ne sont que des mendiants déguenillés, drapés dans une souquenille effilochée et dans une morgue absolument risible.

Il fait une chaleur insupportable à Porto-Cabello et, en arrivant d'un pays aussi froid que Boston, nous en souffrions beaucoup. Le port est sûr et profond, les plus grands vaisseaux même y peuvent accoster à quai. J'allai à Caracas, capitale de la Nouvelle-Espagne ; ce voyage de 35 lieues se fait en deux ou trois jours sur des mules. Le commerce de la contrée est peu important grâce aux entraves des douanes espagnoles ; les seuls produits sont un excellent cacao, du coton et des cuirs. J'ai gardé un si mauvais souvenir de cet affreux pays que je n'en parle pas davantage.

Le 24 mars, alors que nous commencions à nous morfondre dans cette relâche où tout le monde éprouva les effets du climat, la frégate l'Andromaque nous apporta la nouvelle officielle de la paix dont les préliminaires avaient été signés à Paris le 20 janvier ; les puissances engagées dans la guerre éprouvant le besoin de cesser une lutte qui les épuisait. Les Américains surtout, qui n'avaient plus rien à gagner aux hostilités, ne cherchaient qu'à tirer promptement profit de leur situation ; ils le firent avec un oubli complet de toute considération étrangère à leur intérêt immédiat et mercantile. Malgré le traité avec la France et sans s'inquiéter de la honte qu'il y avait à abandonner la nation qui leur avait permis de conquérir leur indépendance, les envoyés du Congrès signèrent à Paris même, et à l'insu du Roi, avec l'agent anglais, les articles préliminaires d'une paix particulière.

Cette conduite hâta la détermination du gouvernement français qu'elle privait d'un allié et, à la suite de conférences générales, un armistice fut signé le 20 janvier entre l'Angleterre d'une part, la France, l'Espagne et les États-Unis de l'autre.

Cette nouvelle ne fut pas accueillie avec satisfaction par tout le monde car, si nous avions éprouvé des échecs devant Gibraltar et le 12 avril 1782, les Anglais en avaient un bien plus grand nombre à leur actif et nos forces n'étaient pas sensiblement diminuées.

La victoire même de Rodney, qui avait eu tant de retentissement, n'avait eu d'autre effet que d'empêcher l'attaque combinée contre la Jamaïque, car aucun des quatre vaisseaux pris ne resta aux Anglais : la *Ville-de-Paris*, l'*Hector*, le *Glorieux* et l'*Ardent* en allant en Angleterre se perdirent corps et biens en pleine mer par suite des avaries éprouvées pendant la bataille et deux vaisseaux anglais, le *Ramillies* et le *Centaur*, eurent le même sort. D'autre part, la flotte espagnole s'était emparée des îles Bahama ; La Pérouse avait ruiné les établissements de la baie d'Hudson ; la Motte-Piquet avait fait subir au commerce anglais d'énormes pertes, enfin le bailli de Suffren avait remporté dans l'Inde de grands succès. Le traité de paix, qui ne nous accordait que de faibles dédommagements, fut donc très critiqué, car nous aurions pu prolonger la guerre, reprendre le projet d'attaquer la Jamaïque et obtenir des conditions plus avantageuses de l'Angleterre qui, à cause de son commerce exclusivement maritime, souffrait plus que la France. La défection des Américains nous empêcha donc d'obtenir l'abaissement de notre vieille et éternelle ennemie.

Le 3 avril nous mîmes à la voile pour le cap Français à l'exception de l'*Auguste,* du *Triomphant* et de la *Néréide* qui ne partirent que le lendemain. La traversée fut assez rapide et le 15 nous avions connaissance du cap Tiburon, pointe ouest de Saint-Domingue. Deux jours après nous longions l'île de la Tortue si célèbre dans l'histoire et ancien repaire des boucaniers ; le 18 au matin, nous arrivions au cap dont la rade est sûre mais difficile d'accès.

La ville est percée de rues larges, propres et bien pavées ; on y voit de belles places avec des marchés bien approvisionnés et des fontaines nombreuses d'eau courante ; les fortifications et l'arsenal datent du règne de Louis XIV et sont en très bon état ; les maisons, très basses, sont construites à claire-voies à cause de la chaleur qui y est très forte, à partir surtout de neuf heures du matin. Le climat y est malsain et les Européens y résistent difficilement, mais les créoles ne semblent pas en souffrir beaucoup ; du reste, ils sortent peu et vivent nonchalamment dans leurs maisons au milieu du luxe et des plaisirs.

Les nègres de Saint-Domingue sont catholiques le jour et nulle part peut-être les prêtres, dont du reste on fait peu d'éloges, n'ont autant de clients à leurs confessionnaux ; mais ces mêmes noirs s'échappent des habitations la nuit pour aller au fond des bois ou sur quelque morne élevé sacrifier à leur dieu Vaudoux et se livrer à des saturnales diaboliques où ils égorgent des enfants ou des blancs quand ils peuvent en surprendre.

Le dieu Vaudoux a pour symbole un serpent et c'est sous cette forme qu'il est adoré et qu'il transmet ses ordres au peuple par l'intermédiaire de ses prêtres qui seuls, prétendent-ils, peuvent lui parler et le comprendre. C'est dans ces assemblées que se fabriquent les terribles breuvages qui empoisonnent habitants, troupeaux et rivières, que les adeptes apprennent à charmer les serpents les plus venimeux, à se couvrir de plaies factices pour ne pas travailler; c'est là que se trama la terrible révolte de 1792 où tous les blancs qui ne purent fuir à temps furent torturés, massacrés et mangés par ces cannibales.

Après avoir renouvelé notre eau et nos provisions et débarqué des troupes qui restaient pour y tenir garnison, nous appareillâmes pour Brest le 1ᵉʳ mai.

Notre navigation, au départ, fut contrariée par des calmes et, à peine sortis de la rade, nous dûmes jeter l'ancre pour ne pas être entraînés sur les récifs des Sept-Frères; enfin une forte brise de N.-O. s'étant élevée le 4 au matin, nous eûmes connaissance de la Caye-aux-Sables, pointe sud des îles Turques et vers midi nous étions sortis des débouquements. La chaleur nous incommoda beaucoup jusqu'au 14 mai en vue des Bermudes; on commença alors à respirer une atmosphère tempérée après laquelle nous soupirions depuis si longtemps.

Le 16 juin, le point nous plaçait à 80 lieues d'Ouessant et la sonde à 50 seulement; le lendemain, le *Northumberland* nous signala la terre et à quatre heures du soir nous mouillâmes en rade de Brest après trente-sept mois d'absence.

Nous avions déjà entendu dire que M. de Grasse avait écrit au ministre pour se plaindre de la conduite de ses capitaines à la bataille du 12 avril, mais nous étions loin de prévoir ce qui nous attendait. M. Mithon de Genouilly fut incarcéré et nous reçûmes l'ordre de rester à Brest à la disposition du conseil de guerre qui allait se réunir à Lorient pour examiner la conduite des officiers signalés par M. de Grasse comme ayant manqué à leur devoir. Voici ce qui s'était passé. Après avoir amené son pavillon le soir de la bataille du 12 avril, M. de Grasse fut conduit à bord du vaisseau-amiral anglais; le lendemain il écrivait à M. le marquis de Castries, ministre de la marine, la lettre suivante qui, une fois connue, souleva l'indignation générale:

« Monsieur le Marquis,

« C'est du bord du *Formidable* commandé par l'amiral Rodney que j'ai l'honneur de vous rendre compte qu'abandonné de presque toute mon armée, qui n'a jamais voulu exécuter les signaux que j'ai faits de se reformer en bataille après un premier combat, le ven-

dredi 12 avril, où j'avais été dégréé de toutes voiles et de tous cor-
dages, mes mâts ne tenant presque plus, j'ai été entouré de huit ou
dix vaisseaux anglais qui, me canonnant de l'arrière et des deux
bords, m'ont forcé de me rendre à sept heures du soir. Il n'y a eu
que M. de Vaudreuil l'aîné qui m'a secouru autant qu'il a pu et qui,
pendant que j'étais dégréé, a fait tous les signaux que j'aurais
faits moi-même, si je l'avais pu, auxquels on n'a pas mis plus
d'obéissance qu'à ceux que j'ai faits moi-même, lorsque j'ai eu passé
quelques drisses. Le *Glorieux* ayant abordé un vaisseau anglais qui
avait voulu couper la ligne, a rompu son beaupré et toute sa mâture est venue en bas. On dit ce brave capitaine tué ainsi que son
second et son premier lieutenant. Il est bon de tenir cet événement secret à cause de la famille.

L'*Ardent* a été aussi pris sans presque combattre. Si le capitaine
n'est pas mort, il mérite punition. Il y en a d'autres, à ce que l'on
m'a dit, mais je ne l'affirme pas. Cette défaite, à force presque
égale puisque les ennemis ne sont que trente-six, à ce qu'ils disent, contre trente et un, n'est venue que par le peu d'ensemble
dans les manœuvres et l'inexécution des ordres que j'ai don-
nés. Je me suis sacrifié et ai tenu autant qu'il m'a été possible;
mais combattre depuis sept heures et demie du matin jusqu'à
sept heures du soir sans discontinuer et étant abandonné de
mon armée, qui faisait vent arrière avec des bonnettes, lorsque je
faisais signal d'ordre de bataille, les amures à stribord et environné de huit à dix vaisseaux ennemis qui me pressaient de basbord, de stribord et de l'arrière et même quelques-uns faisaient
manœuvre pour me couper du dernier vaisseau le plus de l'arrière, je me suis vu forcé de me rendre pour sauver encore quelques braves gens qui me restaient, etc.

Ce 13 avril 1782.

Le comte DE GRASSE.

A cette première lettre, qui pouvait trouver un motif d'excuse dans la douleur de sa défaite, M. de Grasse ajouta la publication en Angleterre de plusieurs mémoires dans lesquels il employa, à l'égard de ses capitaines, les termes les plus outrageants ; il perdit, en un mot, toute dignité et tout droit au respect dû au malheur.

Le ministre de la marine, croyant à la sincérité de ses rapports, se décida à punir sévèrement les coupables, nomma dans chaque port des commissaires chargés d'interroger les officiers témoins du combat, et donna ordre de les retenir jusqu'à la réunion d'un conseil de guerre formé à Lorient de MM. de Breugnon, de Guichen, de La Motte-Piquet, etc. Les capitaines et officiers du *Languedoc*, de la *Couronne*, de l'*Ardent*, du *Brave*, du *Pluton*, de la *Galathée*, de l'*Aimable*, de la *Cérès* et du *Clairvoyant* furent décrétés d'ajournement personnel pour répondre à l'accusation portée contre eux ; les autres étaient assignés pour être entendus.

Ainsi que je l'ai dit, le capitaine de la *Couronne*, M. de Genouilly, avait été incarcéré à Brest ; M. d'Arros, capitaine du *Languedoc*, subit le même opprobre, et l'un et l'autre furent transférés dans la citadelle du Port-Louis au mois d'avril 1784 ; en qualité de matelots d'avant et d'arrière de la *Ville-de-Paris*, ils étaient plus que les autres accusés de l'avoir abandonné.

Après une enquête et des interrogatoires sans fin, l'arrêt du conseil fut rendu le 18 mai 1784 ; il serait trop long de le reproduire en entier et je n'en citerai que les dispositions principales.

« Le mémoire de M. le comte de Grasse est déclaré calomnieux, invraisemblable et contraire à l'honneur de M. le marquis de Vaudreuil, capitaine du *Triomphant*.

« Sont déchargés de toute accusation les capitaines suivants : de Glandevès, du *Souverain* ; de Martelli, du *Palmier* ; de Castellane, capitaine de pavillon de l'*Auguste* ; d'Amblimont, du *Brave* ; de Tilly, de l'*Éveillé* ; de Montéclair, du *Diadème* ; de Goimpy, du *Destin* ; Le Bègue, du *Magnanime* ; de Médine, du *Réfléchi* ; de la Grandière, du *Conquérant* ; de Mac-Arty, du *Magnifique* ; de Vaudreuil, du *Sceptre* ; de Charitte, de la *Bourgogne* ; de Castellane, du

Marseillais; d'Albert de Rions, du *Pluton*; de Montpéroux, du *Dauphin-Royal*; de Martignan, de l'*Amazone*; de Suzannet, de l'*Aimable*; d'Aché, du *Clairvoyant*; de Roquart, de la *Galathée*; de Paroy, de la *Cérès*; de Trogoff, du *Glorieux*; d'Arros et de Genouilly, du *Languedoc* et de la *Couronne*; de plus, pour ces deux derniers, seront supprimés tous mémoires, lettres, écrits, sur ce qu'ils contiennent d'attentatoire à leur honneur et à leur réputation.

« Loue la conduite de MM. de Bougainville et d'Espinouze, chefs d'escadre, de Sainte-Césaire et de la Mettrie, du *Northumberland*; de Clavel, du *Scipion*; d'Éthy, du *Citoyen*; de la Vicomté, de l'*Hector*; de Marigny, du *César*; de Mortemart, du *Richmond*; de Coatlès, lieutenant de vaisseau de l'*Hercule*, qui prit le commandement à la mort de M. de La Clocheterie.

« Pour n'avoir pas fait le soir de la bataille tout ce qui était possible, condamne à être admonestés MM. de Bougainville et d'Espinouze, chefs d'escadre; de Coatlès, de l'*Hercule*; d'Aleins, du *Neptune*.

« Est interdit de ses fonctions pendant trois mois, M. de Gouzillon, capitaine de l'*Ardent*, pour n'avoir pas assez prolongé sa résistance; cependant sa conduite est reconnue irréprochable jusqu'au moment où il a amené son pavillon. »

En ce qui concerne la *Ville-de-Paris*, étaient déchargés de toute accusation MM. de la Villeléon, capitaine de pavillon; de Vaugirault de Rosnay et de Cibon, capitaines; Trédern de Lézern et de Brach, lieutenants de vaisseau; de Blois, de Lézardière, de Bouëxic et de Tanouarn, enseignes.

Le conseil rappela d'une façon élogieuse la mémoire de MM. de Sainte-Césaire, de la Mettrie, de la Vicomté, de Marigny, d'Escars, de La Clocheterie, du Pavillon, de Montguyot, de Mortemart, etc., tués en combattant vaillamment et recommanda aux grâces du Roi pour leur conduite particulièrement honorable, MM. de Roquebrune, de Beaumanoir, Dekmorial, de Moulins de Rochefort, de la Gardé, Bassière, Laub, de Trogoff, de Macarthy; de Vaudreuil l'aîné; de Castellane; de Rions et d'Aché. . .

Bien que le *Zélé* eût causé bien des embarras, son capitaine ne fut pas cité à comparaître parce qu'il était éloigné du théâtre de l'action à laquelle il ne prit pas part.

M. de Grasse, mécontent de ce jugement qui, avec raison, lui faisait entièrement supporter la responsabilité de la défaite, protesta et demanda de nouveaux juges, mais l'examen attentif du conseil de guerre avait démontré l'injustice de ses accusations et le Roi regrettait les mesures prises contre de braves officiers qui, pour récompense de leurs services et de leurs dangers, n'avaient que de cruels déboires.

Par ordre du Roi, le ministre répondit à M. de Grasse une lettre dont je crois bon de reproduire la fin, car c'est l'épilogue de cette lamentable affaire.

« ... Il résulte de ce jugement que vous vous êtes permis de compromettre par des inculpations mal fondées la réputation de plusieurs officiers pour vous justifier devant l'opinion publique d'un événement malheureux dont vous eussiez peut-être pu trouver l'excuse dans l'infériorité de vos forces, dans l'incertitude du sort des armes, etc. Sa Majesté veut bien supposer que vous avez fait tout ce qui était en votre pouvoir pour prévenir les malheurs de la journée, mais elle ne peut pas avoir la même indulgence sur les faits que vous avez imputés injustement à ceux des officiers de sa marine qui sont déchargés d'accusation. Sa Majesté, mécontente de votre conduite à cet égard, vous défend de vous présenter devant elle. C'est avec peine que je vous transmets ses instructions et que j'y ajoute le conseil d'aller, dans les circonstances actuelles, dans votre province... »

Pendant le cours de ce procès qui, comme on pense, passionna la marine et dont l'issue lui donna satisfaction, je reçus, par l'intermédiaire du ministre, l'ordre de Cincinnatus créé par le Congrès des États en 1783 ; cet ordre, qui fut peu répandu en France, et dont aujourd'hui il doit rester un bien petit nombre de titulaires, si même il en reste, a pour insigne une médaille en or et un ruban large de deux pouces bleu foncé bordé de blanc pour marquer l'union de la France et de l'Amérique.

Depuis cinq ans je n'avais pas revu ma famille et ces campagnes dans des climats si différents avaient éprouvé ma santé. La guerre était finie, on faisait de grandes réductions dans l'armée et la marine, j'en profitai pour demander à quitter le service tout en restant à la disposition du ministre si quelque occasion se présentait de servir le Roi.

CHAPITRE XI

Après avoir quitté le service actif, je vécus presque toujours à Moréville avec mes deux frères et y restai jusqu'au commencement de la Révolution. En 1786, j'allai cependant passer quelques mois à Cherbourg, alors que la guerre paraissait imminente avec l'Angleterre. La marine se trouvait dans l'état le plus florissant ; elle comptait 72 vaisseaux de haut bord, 100 frégates et un grand nombre de bâtiments légers ; la digue venait d'être terminée grâce aux soins du Roi, et nous offrait un mouillage qui nous avait tant fait défaut dans la campagne de 1778. De son côté, l'armée de terre était prête à entrer en campagne avec 374 bataillons, 300 escadrons et une très belle artillerie. C'est sans doute ce qui fit réfléchir l'Angleterre, car cette fois elle n'aurait sans doute pas été aussi favorisée par les circonstances. Malheureusement, depuis le retour des troupes d'Amérique, on remarquait une grande indiscipline ; on sentait que les principes démagogiques avaient pénétré, non seulement dans les rangs inférieurs de l'armée, mais aussi parmi les officiers qui croyaient faire preuve de bon ton en les affichant. M. le marquis de Lafayette, tout fier encore de ses succès en Amérique, se croyait un nouvel Alexandre et, entouré d'un état-major de jeunes écervelés comme lui, ne perdait pas une occasion d'encourager les mécontents. L'assemblée des notables lui permit de faire l'important en contrecarrant les projets de M. de Calonne et en demandant la réunion d'une Assemblée nationale. En même temps, car sa faconde et son besoin de faire parler de lui étaient inépuisables, il prêchait une croisade contre Alger, présentait un mémoire sur la réforme de la jurisprudence criminelle, écrit, dit-on, par M. de Condorcet, envoyait en grande pompe des chiens et des ânes à M. Washington, faisait placer adroitement son buste à l'Hôtel-de-Ville, rédigeait un vocabulaire indien pour l'impératrice de Russie et mille autres inventions dont les gazettes à sa solde faisaient grand tapage. Après cela, il alla en Prusse et en Autriche dénigrer notre armée pour flatter nos voisins, puis dans la Hesse où il retrouva nos anciens adversaires d'Amérique qu'il combla de compliments. En un mot, on n'entendait parler que de lui et on ne voyait que lui.

De retour en France, il chercha à s'attacher les protestants et y réussit facilement, en leur faisant espérer son appui pour la réforme des lois qui les concernaient. Toute cette agitation inquiétait les esprits et contribuait à saper l'autorité du Roi qui eut le grand tort de ne pas mettre fin, dès le début, aux billevesées de ce brouillon, comme le voulait M. de Calonne.

Un gouvernement ne peut subsister s'il se laisse continuellement critiquer par des gens sans responsabilité et sans respect pour les lois fondamentales de l'État.

C'est à cette époque que commencèrent les mutineries dans l'armée suscitées par les bas officiers privés d'avancement par les règlements de M. de Ségur ; on vit alors combien cette mesure était maladroite. Il eût été plus sage, plus utile même aux intérêts de l'armée, plus équitable surtout, de laisser la porte ouverte aux sujets méritants, comme cela avait eu lieu sous Louis XIV et Louis XV. On voulait avoir une armée fidèle au Roi ; on n'obtint ainsi qu'une armée de mécontents qui s'insurgea dès que les ressorts de la discipline furent détendus. Il est incroyable que dans l'état où étaient les esprits dès le commencement du règne de Louis XVI on ait commis une faute aussi lourde ; on dirait que les ministres et les conseillers du Roi s'efforçaient de le rendre impopulaire pour le perdre dans l'esprit de la nation. Si, au lieu de mécontenter l'armée et la marine, on leur avait accordé ce que l'infortuné monarque voulait leur donner, la Révolution n'aurait pas eu lieu, car les démagogues étaient peu nombreux et les rhéteurs trop prudents pour exposer leur vie précieuse.

Comme dernière maladresse, on licencia, le 30 septembre 1787, les troupes de la maison du Roi (gendarmes et chevau-légers) qui avaient été conservées après les réformes de 1775 ; il ne resta que les gardes du corps, et la famille royale se trouva sans défense, sans moyens de résister à une populace capable de tous les excès.

Je me trouvais à Bisches, terre que je possédais près de Marchenoir, quand je reçus requête du Procureur du Roi au bailliage de Blois d'avoir à comparoir à l'assemblée des trois États pour concourir à la nomination des Députés et à la rédaction des cahiers de doléances.

La première réunion eut lieu le 16 mars 1789 et, le 30 mars, après de longues discussions, on nomma, pour la noblesse, M. Alexandre-François-Marie vicomte de Beauharnais, major en second au régiment de la Sarre-Infanterie, seigneur de la Ferté-Beauharnais, M. Louis de Phélines, capitaine au corps royal du Génie, seigneur de Bois-Besnard, et M. Antoine de Lavoisier, écuyer, célèbre membre de l'Académie royale des sciences, seigneur de Freschines, suppléant. Le clergé élut M. de la Rochénégly, prieur de Saint-Honoré de Blois, et Chabot, curé de la Chaussée Saint-Victor, coquin de la pire espèce. Le tiers état, enfin, choisit M. Druillon, lieutenant du bailliage ; M. Turpin, lieutenant criminel, M. de la Forge, avocat à Châteaudun, et M. Dinocheau, avocat à Blois.

Il serait trop long de reproduire en entier les instructions données par l'ordre de la noblesse du Blaisois à ses députés ; mais afin de montrer l'esprit qui nous animait à cette époque, je vais résumer les articles principaux :

Article 1er.

. . . .

« Le but de toute institution sociale est de rendre le plus heureux qu'il est possible ceux qui vivent sous ses lois. Le bonheur ne doit pas être réservé à un petit nombre d'hommes, car il appartient à tous.

« Tels sont les principes dont s'est pénétrée la noblesse du bailliage de Blois au moment où elle a été appelée par le Souverain pour donner des représentants à la nation. Ces principes ont occupé toutes ses pensées pendant la rédaction de son cahier ; puissent-ils animer tous les citoyens de ce grand empire ! puissent-ils amener cet esprit d'union, ce concours de volontés qui doit fonder sur des bases inébranlables la puissance, la prospérité de la nation, le bonheur des souverains et des sujets.

« Des plaies profondes et invétérées ne peuvent être guéries tout à coup ; la destruction des abus ne peut être l'œuvre d'un jour. Eh ! que servirait d'ailleurs de les réformer si la source n'en était tarie ? Le malheur de la France vient de ce qu'elle n'a jamais eu de Constitution fixe. Un Roi vertueux et sensible demande les conseils et le concours de la nation pour en établir une ; hâtons-nous de seconder ses vœux ; hâtons-nous de rendre à son âme le calme que ses vertus ont mérité. Les principes de cette Constitution seront simples, car ils se réduisent à deux : sûreté des personnes et sûreté des propriétés, parce qu'en effet c'est de ces deux principes féconds que dérive toute l'organisation du corps politique.....

« Pour assurer l'exercice du premier et du plus sacré des droits de l'homme, nous demandons qu'aucun citoyen ne puisse être exilé, arrêté et constitué prisonnier que dans les cas prévus par la loi et en vertu d'un décret décerné par les tribunaux ordinaires.....

« De la liberté personnelle dérive celle d'écrire, de penser, le droit de faire imprimer et publier avec noms d'auteurs et d'imprimeurs toutes espèces de plaintes et de réflexions relatives aux affaires publiques et particulières.....

« ..... La violation du secret des lettres est encore une atteinte à la liberté des citoyens.....

« Nous mettons aussi au nombre des droits qui portent atteinte à la liberté naturelle : 1° l'abus des règlements de police ; 2° l'abus des privilèges exclusifs qui enchaînent l'industrie ; 3° les jurandes et corporations qui interdisent aux citoyens de faire usage de leurs facultés ; 4° les règlements des manufactures, les droits de visite et de marques qui grèvent l'industrie d'un droit qui ne tourne pas au profit du Trésor public.

Article 2.

« L'impôt est un partage de la propriété ; ce partage ne peut être que volontaire, autrement le droit de propriété serait violé ; de là le droit imprescriptible et inaliénable de la nation de consentir ses impôts. D'après ce principe, qui a été solennellement reconnu par le Roi, il ne pourra être levé aucun impôt qu'en vertu du consentement de la nation.

« Le plus grand nombre des impositions et des droits établis jusqu'à ce jour n'ayant pas obtenu la sanction de la nation, la première opération des États assemblés sera de les supprimer tous ; mais pour éviter l'inconvénient qui résulterait de l'interception du paiement des dépenses publiques, la nation, en vertu du même acte de son autorité, les créera de nouveau pour être perçus à titre de don gratuit pendant la tenue des États généraux, et jusqu'à ce qu'ils aient pourvu à leur remplacement dans la forme qu'ils jugeront à propos.

« L'impôt n'étant autre chose que le sacrifice volontaire que chacun fait d'une portion de sa propriété particulière en faveur de la jouissance publique qui les protège, il est évident que l'impôt doit être proportionné à l'intérêt que chacun a de conserver sa propriété, et par conséquent à la valeur même de cette propriété. La noblesse du bailliage de Blois se croit obligée, d'après ce principe, de mettre aux pieds de la nation toutes ses exemptions pécuniaires dont elle a joui jusqu'ici et elle offre de supporter les contributions publiques dans la même proportion que les autres citoyens, à la condition que les noms de taille et de corvée seront supprimés et que toutes les impositions directes seront réunies en un seul impôt territorial en argent.....

« L'impôt doit aussi frapper sur les rentes et intérêts des effets royaux dans la même proportion que sur les terres. En vain dirait-on que cette retenue serait une atteinte portée à la foi publique ; la propriété des rentes n'est pas plus sacrée que celle des terres..... La même contribution portera sur les places de finances et sur tous les emplois lucratifs.....

« L'ordre de la noblesse ne doute pas que l'Assemblée nationale ne s'occupe de l'examen et de la réforme de cette foule de droits déterminés par le besoin et dont l'esprit fiscal secondé par la nécessité, a rendu la perception intolérable pour les peuples. Telles sont : les gabelles, les aides, les droits sur les cuirs, les droits de franc-fief, la capitation, le droit exclusif des huissiers de faire des ventes publiques dans les villages, les droits de contrôle des actes, insinuations, centième denier, le droit qui résulte du privilège exclusif des magasins, etc..... »

La renonciation libre et volontaire que vient de faire l'ordre de la noblesse à ces exemptions pécuniaires, lui donne le droit de réclamer pour qu'il n'en soit conservé d'aucune espèce en faveur d'aucune classe de citoyens. Elle ne doute pas que le clergé ne consente de même à supporter tous les droits que paient les citoyens des autres ordres en raison de ses propriétés. »

Article 3.

« L'ordre de la noblesse du bailliage de Blois s'étendra peu sur l'article de l'administration de la justice. Il observera seulement que la justice est moins un droit qu'un devoir de la souveraineté, qu'elle doit être gratuite surtout pour les pauvres ou du moins peu dispendieuse ; que la procédure doit être simple et sommaire ; que tous les degrés de juridiction inutiles doivent être supprimés ; qu'on ne doit consulter dans la fixation du ressort des tribunaux, que le plus grand avantage des ressortissants ; que les calculs mis sous ses yeux sur l'énormité des frais que coûte à la nation l'administration de la justice a été pour lui un tableau de douleur et d'épouvante ; que par un oubli des principes de toute constitution, tous les pouvoirs se sont confondus dans le pouvoir judiciaire ; que les tribunaux supérieurs se sont attribué une portion du pouvoir législatif ; que sous prétexte de règlements de police les tribunaux inférieurs se sont permis de rendre des ordonnances qui attaquent la liberté des citoyens et qui portent atteinte au droit de propriété. Les regards de l'ordre de la noblesse se sont arrêtés plus douloureusement encore sur nos lois criminelles ; établies dans un temps d'ignorance et de barbarie, elles participent à la férocité des mœurs qui régnaient alors.

« L'ordre de la noblesse ne terminera pas cet article sans demander : 1° que les formes soient simplifiées dans les contestations ; 2° que le dépôt des minutes des notaires soit sacré ; 3° qu'il soit établi dans les paroisses de la campagne un tribunal de conciliation composé du seigneur, du curé et des anciens d'âge pour terminer à l'amiable les différends et prévenir les procès. »

Article 6.

« En Angleterre, mille toises carrées donnent un produit brut de 48,000 livres et en France de 18,000 livres. Cette différence n'est imputable ni à la qualité du sol ni au génie des deux nations, mais au joug des impositions en France, d'autantplus accablantes qu'elles sont arbitraires. L'effroi qu'entraîne la rigueur de ces perceptions a concentré dans les villes tous les talents et tous les capitaux, en sorte qu'aucune grande spéculation ne se porte sur l'agriculture..... Une autre cause a contribué à détourner tous les capitaux de l'agriculture, c'est le haut prix de l'intérêt de l'argent ; l'appât d'une jouissance facile a accumulé le numéraire dans les villes.

« Les principaux secours que l'agriculture attend en ce moment des représentants de la nation sont :

1° La liberté absolue du commerce ;

« 2° Un règlement favorisant le rachat des banalités et autres droits onéreux, le desséchement des marais et le partage des communes ;

« 3° Des encouragements pour l'améliorarion des bestiaux ;

« 4° La suppression des gardes-étalons ;

« 5° Des établissements de filature, de tissage d'étoffes grossières dans les villages pour occuper les gens des campagnes pendant l'hiver ;

« 6° Plus de facilité pour l'instruction des enfants, des ouvrages élémentaires à leur portée où les droits de l'homme, les devoirs de la société soient clairement établis, etc.

« A ces réformes, il convient d'ajouter les suivantes exposées dans une foule de mémoires que chacun de nous rédigea et qui furent adressés aux députés. Comme il serait trop long d'en reproduire le texte, je me bornerai à donner l'énoncé des principaux :

« 1° Augmentation sur les fonds du clergé des ressources des curés à portion congrue dont la plupart sont dans un état voisin de la misère ;

« 2° Exemption de la taille de tout habitant de la campagne ayant douze enfants ;

« 3° Uniformité pour tout le royaume de la coutumé des poids et mesures ;

« 4° Étude d'un plan d'éducation nationale à l'usage de toutes les classes de la société ;

« 5° Suppression des douanes de l'intérieur ;

« 6° Que tout billet souscrit par un gentilhomme soit déclaré billet d'honneur ;

« 7° Que le rang et le crédit ne puissent soustraire les banqueroutiers frauduleux à la rigueur des lois ;

« 8° Qu'il soit établi dans les paroisses des campagnes, aux frais des seigneurs qui en demanderont, des invalides auxquels le Roi ne fournira que l'habillement ;

« 9° Que les ordonnances qui interdisent le port d'armes à toutes personnes non nobles soient remises en vigueur et qu'il soit pris des précautions pour en assurer l'exécution, etc.

« En ce qui concerne les travaux et bureaux de charité, la mendicité, les hôpitaux, etc., l'assemblée de la noblesse en sent toute l'importance, mais elle n'a pas cru devoir s'en occuper, ces questions intéressant plus particulièrement les États provinciaux.

. . . .

Article 8.

« Après avoir indiqué les abus accumulés en France pendant une longue suite de siècles, il importe d'en prévenir le retour. A cet effet, la noblesse du bailliage de Blois demande que les États-Généraux ne se séparent qu'après que la Constitution aura été établie et consolidée ; qu'une loi fondamentale et constitutionnelle assure à jamais le retour périodique des États-Généraux à des époques très rapprochées de manière qu'ils puissent se former et se rassembler d'eux-mêmes à des jours fixes et dans un lieu déterminé, sans le concours d'aucun acte émané du pouvoir exécutif ; que le pouvoir législatif réside exclusivement dans l'assemblée de la nation sous la sanction du Roi ; que le Roi jouisse de toute l'étendue du pouvoir exécutif nécessaire pour assurer l'exécution de la loi, mais qu'il ne puisse en aucun cas la modifier sans le concours de la nation ; que la formule du serment des troupes soit changée et qu'elles promettent obéissance et fidélité au Roi et à la nation..... »

A l'égard de la forme des délibérations dans les États-Généraux les opinions des membres de l'assemblée de la noblesse s'étant divisées, elle désira que l'extrait de sa délibération prise à cet égard le 28 mars fût fidèlement copié, ainsi qu'il suit : « L'assemblée s'est partagée entre trois avis : 1° délibération par ordre ; 2° délibération par tête ; 3° délibération mixte ; pour ses motions, 25 voix ont été pour la délibération par ordre et 68 pour l'avis mixte qui comporte le vote par ordre dans certains cas et par tête dans d'autres. »

« Après cela, l'assemblée de la noblesse reprit la rédaction de
ses cahiers où elle demanda :

« 1° Qu'il soit établi immédiatement des États provinciaux pour la
répartition des impôts votés par la nation et tout ce qui a rapport à
l'intérêt particulier des provinces ; 2° que la noblesse achetée à
prix d'argent soit abolie et qu'elle ne soit jamais accordée qu'à
titre de récompense pour services au Roi et à l'État ; 3° qu'il soit
pourvu aux moyens de procurer une retraite honnête aux anciens
militaires ; 4° qu'il soit pris des mesures pour la réforme des ordonnances qui infligent aux soldats des punitions avilissantes qui
répugnent au caractère de la nation ; cette dernière motion fut présentée par mes frères et par moi, puis acceptée sans discussion ;
5° qu'il soit interdit au haut clergé de posséder plusieurs bénéfices
ou abbayes et qu'il ne sorte pas de France des sommes considérables qui sont un véritable impôt que la France paie à la cour de
Rome.

« ..... Fait et arrêté à Blois en l'assemblée générale de la noblesse du bailliage séante à l'Hôtel de ville, le 28 mars 1789.
Signé : Hurault, marquis de Saint-Denys, président, et Lavoisier,
secrétaire. »

Comme on le voit, la noblesse du Blaisois prenait l'initiative des
réformes demandées par la nation ; elle abandonnait de son plein
gré tous ses privilèges sans réclamer aucune compensation et affer-
missait les droits de l'homme. Il en fut ainsi par toute la France
et nos cahiers ne différaient guère de ceux des autres provinces.
Qui aurait pu supposer alors que, moins de quatre mois après, le
peuple oublierait ce qu'il devait à la noblesse et inaugurerait, dès
le 14 juillet suivant, ces sauvages persécutions qui seront sa
honte éternelle et la tache rouge ineffaçable du drapeau tri-
colore ?

J'ai trop parlé déjà de la politique, car je n'entends rappeler que
mes souvenirs militaires, cependant je ne peux m'empêcher de dire
qu'aujourd'hui les passions devraient être assez refroidies pour
laisser entrevoir les vraies causes des affreux événements de la

Révolution. Le Tiers-État a été le maître par le nombre et a dirigé les événements ; représenté aux assemblées et à la Convention par un grand nombre d'avocats besoigneux, de rhéteurs aussi haineux que lâches, de moines défroqués et de prêtres renégats ; ceux-ci n'ont eu qu'un but, prendre la place et les biens de la noblesse ; pour cela, tous les moyens leur ont paru bons, et leur tactique n'a jamais varié. Ils ont commencé par nous rendre la vie impossible en France, afin de nous forcer à émigrer ; dès que nous avons eu passé la frontière ils nous en ont interdit l'entrée et se sont emparés de nos biens ; ceux d'entre nous qui, pleins d'illusions, sont restés en France, ont été envoyés à l'échafaud après avoir été dépouillés. Et ces mêmes jacobins qui avaient voté la suppression de la noblesse devenaient, 15 ans plus tard, les dignitaires d'une nouvelle noblesse, les plats valets du plus grand autocrate dont l'histoire cite le nom !

J'ai vu cela de trop près pour avoir une autre idée sur le but poursuivi par les révolutionnaires ; le jacobinisme n'a été que le déchaînement des instincts de vol et de pillage qui dorment dans les masses et se réveillent quand le monarque manque, comme l'infortuné Louis XVI, de décision et de volonté.

Ainsi que je l'ai dit, les premiers désordres se produisirent le 14 juillet 1789 et eurent un singulier écho dans les provinces. Obéissant à un mot d'ordre, les émissaires du duc d'Orléans firent courir le bruit que l'ennemi arrivait. Quel ennemi ? Personne ne le savait, mais dans toutes les campagnes ce fut un affolement général. Presque le même jour, dans toute la France, on ne vit que des gens fous de peur fuir dans toutes les directions, emportant ce qu'ils avaient de plus précieux. Au milieu de cette épouvante, la voix de la raison ne pouvait être entendue ; je parvins cependant à grande peine à faire entrer à Bisches un bon nombre de fuyards auxquels je fis comprendre que derrière des douves pleines d'eau et des murs solides, ils résisteraient mieux à l'ennemi qu'en rase campagne ; pour achever de les rassurer, je leur distribuai toutes mes armes, tous les outils que j'avais et je leur promis de faire à leur tête une défense mémorable ; mon engagement n'était pas compromettant.

J'envoyai enfin des hommes à cheval explorer le pays ; ainsi qu'il était facile de le prévoir, ils revinrent nous dire qu'ils n'avaient pas aperçu un seul ennemi, mais que partout la population fuyait dans les bois et sonnait le tocsin. La panique dura plusieurs jours et les paysans restèrent convaincus qu'ils avaient échappé à un grand danger ; il était inutile sinon dangereux de chercher à raisonner ces malheureux.

C'est alors que commencèrent les pillages, les visites domiciliaires, les incendies et les massacres par toute la France. Je n'échappai pas au sort commun et ceux mêmes qui s'étaient réfugiés à Bisches y revinrent pour perquisitionner ; je dus consentir à les laisser faire, car ils étaient très nombreux et ivres. Ne trouvant rien, ils m'offrirent d'être leur capitaine ; mais, comme on le pense bien, je refusai ce beau commandement.

Dans les autres parties du Blaisois il y eut des désastres plus graves qui forcèrent plusieurs de mes voisins à quitter le pays et même à émigrer comme les Polignac.

On créa dans toutes les communes des clubs qui surexcitèrent les esprits et imprimèrent à la masse inconsciente une direction conforme aux vues des chefs révolutionnaires. Enfin, le 14 juillet 1790, toutes les gardes nationales du département se réunirent pour fêter la Fédération et en revinrent dans un état d'exaspération qui présageait les plus graves événements.

Beaucoup de gentilshommes firent de louables efforts pour essayer de calmer les esprits, mais ils ne purent y parvenir ; quelques autres allèrent jusqu'à accepter des grades dans la garde nationale et à assister aux réunions des clubistes ; leur présence eut pour seul effet de donner une sorte de sanction à leurs criminelles folies. Quelques-uns enfin, oubliant ce que l'honneur leur dictait, pactisèrent avec les révolutionnaires ; ainsi... (vingt lignes rayées).

Quelque temps après eut lieu l'installation de l'évêque constitu-

tionnel à Blois. Ce fut le fameux Grégoire qui remplaçait le respectable M. de Thémines. Ce Grégoire était, paraît-il, un assez
bon homme au fond ; il se fit nommer aux États-Généraux et pré-
sida la séance du Jeu de Paume ; membre de la Convention, il ne
vota pas la mort du Roi, mais entraîné par son entourage et comme
tant d'autres par la peur, on le vit en 1793 officier avec une pique
en guise de crosse, et vivre ouvertement avec une ancienne loueuse
de chaises ; il fallait bien donner des gages et imiter ses grands vi-
caires, tous moines chassés de leurs couvents pour leur vie déré-
glée. Le plus célèbre d'entre eux était Chabot, dont j'ai déjà
parlé, ivrogne, débauché, lâche coquin, marié révolutionnaire-
ment à une prostituée et qui fut envoyé à l'échafaud par Robes-
pierre.

Si les ennemis du Roi étaient coalisés et parfaitement organisés,
il n'en était pas de même des défenseurs du trône qui, sans chefs,
sans direction, se trouvaient réduits à se cacher ou à succomber
obscurément sous les coups d'une populace sanguinaire.

Le Roi, toujours trop bon et trop indécis, ne savait prendre aucune résolution et remettait toujours au lendemain les mesures
les plus urgentes ; le lendemain encore il reculait et découra-
geait ainsi ses plus fidèles défenseurs. Ceux qui l'approchaient
m'ont répété souvent pendant l'émigration, alors que nous leur
reprochions de n'avoir pas pesé sur l'esprit du Roi, qu'il n'y avait
rien à faire avec une pareille nature qui désirait le bien, mais n'a-
vait pas l'énergie de le faire.

Le pays autour de Bisches était assez tranquille et j'y vivais
dans une sécurité relative, quand mon frère aîné m'appela à
Moréville pour l'aider à tenir tête aux patriotes de Bonneval qui
venaient continuellement perquisitionner chez lui et ne partaient
jamais les poches vides. Je passai par Verdes où la garde nationale
faillit me faire un mauvais parti.

La sentinelle d'un poste établi sur la place me laissa approcher
à deux toises et là, me mettant en joue, me cria d'arrêter. J'eus le
tort de m'emporter au lieu de rire de cette manière de faire et mal

m'en prit, car la garde qui était ivre, accourut, voulut me larder de coups de baïonnettes et me força à descendre de cheval. J'étais depuis un quart d'heure au milieu de ces forcenés quand un officier municipal arriva, demanda mes papiers, et comme je n'en avais pas, il donna l'ordre de me mettre en prison. Je criai alors comme un beau diable, disant que depuis qu'on avait la liberté on ne pouvait même plus sortir de chez soi, et qu'il était dur, après avoir échappé aux boulets anglais, de risquer un coup de fusil en plein jour au milieu d'un village français. Mon discours parut faire un peu d'effet sur l'officier municipal qui envoya chercher un collègue ; par bonheur, celui-là me connaissait de nom et se porta garant de mon civisme. On me relâcha donc, et dans l'intérêt des voyageurs, j'expliquai aux gardes nationaux les droits et devoirs des sentinelles qui ont à reconnaître ; ils comprirent que de commencer par tirer était un moyen un peu trop expéditif. La paix étant faite, je remontai à cheval et la sentinelle, pour me montrer sans doute ses talents, me présenta les armes....., la baguette en dedans.

Je me trouvais à Moréville le 14 juillet 1791, quand les patriotes des environs vinrent nous demander de tirer en l'honneur de la Fédération une vieille couleuvrine du temps de la Ligue, déposée dans un coin de la cour. Je crus devoir les prévenir charitablement qu'il était imprudent de s'en servir, car elle était rongée par la rouille. Au lieu de me remercier de mon avis, ils me traitèrent de contre-révolutionnaire et autres épithètes à la mode du temps. Je les laissai donc faire, mais j'eus soin de me placer à distance pour jouir du coup d'œil. Ils commencèrent par disposer deux madriers pour servir d'affût et essayèrent d'apporter la pièce à bras ; comme ils avaient bu et qu'elle était lourde, ils la laissèrent tomber sur le pied d'un des leurs qui hurla de douleur pendant dix minutes. Ça commençait bien. Cette fois ils opérèrent avec des leviers, mirent la couleuvrine en batterie et la chargèrent. Au moment où ils allaient mettre le feu, je m'effaçai prudemment derrière le mur de la chapelle, et bien m'en prit, car j'entendis après la détonation des cris épouvantables.

Ce que j'avais prévu était arrivé ; la pauvre vieille pièce, trop chargée, avait éclaté et blessé plus ou moins grièvement cinq des artilleurs. Les camarades des victimes voulurent s'en prendre à moi de leur mésaventure ; mais leur officier, qui paraissait plus joyeux que triste, leur rappela ce que je leur avais dit, et ils se calmèrent. Ma belle-sœur soigna et pansa les blessés qu'on mit en-suite dans une charrette et nous en fûmes débarrassés. Après leur départ, j'appris les causes de la bonne humeur de l'officier ; le plus grièvement blessé était son oncle qui avait reçu le bouton de culasse dans les côtes ; comme il crachait le sang à pleine bouche, son cher neveu espérait hériter prochainement.

———

CHAPITRE XII

EN ÉMIGRATION. — L'ARMÉE DES PRINCES

Il y avait un mois que le Roi avait été arrêté à Varennes. Abreuvée d'outrages, l'infortunée famille royale voyait chaque jour sa vie menacée. Apprenant qu'un bon nombre d'anciens mousquetaires se trouvaient à Paris pour se tenir à la disposition du Roi, j'allai les rejoindre. Nous ne tardâmes pas à voir que nous ne pouvions rien faire ; le Roi était gardé par des forces considérables et surveillé de trop près pour faire une nouvelle tentative. On nous conseilla alors d'aller former derrière la frontière un centre de résistance, ce qui était impossible en France, et je me mis de suite en route, après avoir écrit à mes frères pour les engager à se rendre à l'appel des princes et à venir me rejoindre.

On nous reproche et on nous a reproché d'avoir émigré ; on voit que la génération actuelle n'a pas été témoin de la Révolution, car il faut bien se figurer que nous étions de bons Français et que ce n'est pas pour notre plaisir que nous avons abandonné nos foyers.

D'abord, ainsi que je l'ai dit, il nous était devenu impossible de vivre en France où nos têtes étaient sans cesse menacées ; d'autre part, notre devoir était de défendre le Roi notre seul souverain et nous ne devions reconnaître d'autres couleurs que le Drapeau des Lys, l'autre étant celui de la rébellion. Lorsque nous avons vu les révoltés arborer une autre cocarde, nous avons dû rechercher les moyens de les combattre ; c'était le vrai patriotisme. La secte jacobine déchaînait ce que la populace a de plus vil contre le Roi, père de la nation. Elle prétendait qu'il n'y a pas de crime en révolution, proscrivait ceux qui avaient une opinion contraire à la sienne et déclarait méritoire l'assassinat des royalistes et des no-

bles. Dans d'aussi affreuses circonstances, notre devoir était donc
de nous placer entre le trône et ces factieux, entre l'autel et les
athées, entre le Roi et ses sujets révoltés. Ce parti était dangereux,
et a coûté à la noblesse le plus pur de son sang ; victimes de l'infortune, martyrs de la fidélité et héros de l'honneur, les émigrés ont
fait leur devoir, rien que leur devoir. Je n'entends pas dire par là que,
le cas échéant, il faudrait encore émigrer ; tout au contraire, l'expé-
rience nous a fait voir que le seul parti à prendre serait de se réunir
sur le sol français si cela était possible ; dans le cas contraire, de rester
chez soi et de s'y défendre jusqu'à la dernière extrémité. Si on savait
s'entendre, quelques balles bien placées calmeraient vite les idées
de pillage des assaillants. Mieux vaut mille fois, en tout cas, succomber chez soi que dans les rangs étrangers où les haines nationales rendent la vie intolérable. J'en ai trop souffert pour ne pas
adjurer mes neveux de ne pas faire comme nous.

J'arrivai au mois de novembre 1791 à Coblentz, où se reformait
la maison du Roi sur le pied où elle était en France avant la réforme. Je me fis inscrire immédiatement sur les listes des mousquetaires commandés par M. le marquis du Hallay. Par suite des
retards nécessités par la difficulté de se procurer de l'argent et par
la surveillance exercée sur la frontière, mes frères et mon neveu
ne purent me rejoindre et allèrent dans d'autres cantonnements ; je
ne les retrouvai que l'année suivante après la retraite de Champagne.

Ce serait le moment de rappeler nos illusions ; pas un de nous
en effet ne doutait du succès prochain et de l'écrasement de la révolte ; qui pouvait prévoir les trahisons politiques de nos alliés,
bientôt dévorés eux-mêmes par l'incendie qu'ils avaient, par intérêt mal entendu, refusé d'éteindre. Malgré notre enthousiasme et
nos espérances de bientôt rendre au trône tout son lustre, nous
nous trouvâmes dans une grande perplexité dès les premiers mois
de 1792. Quelques nouveaux venus de France nous assuraient en
effet qu'après avoir encouragé l'émigration armée, le Roi regrettait maintenant de l'avoir conseillée, car la coalition ne considé-

rait que ses propres intérêts et les Jacobins prenaient prétexte de
nos armements pour menacer les têtes sacrées de la famille royale.
Dans ces conditions, l'émigration devenait peut-être plus nuisible
qu'utile ; mais nous ignorions les secrets des dieux et nous crûmes
jusqu'au jour où le Roi fut immolé, que nous avions exécuté ses
ordres. Depuis j'ai eu la preuve que l'infortuné Louis XVI avait
souvent écrit à ses frères pour les supplier de nous licencier, car
sa vie était menacée. Les princes, et particulièrement le comte de
Provence, qui connaissait bien la faiblesse de caractère du Roi,
crut qu'il subissait l'influence de son entourage ou de ses geôliers,
et refusa de nous communiquer l'ordre de nous disperser ; peut-
être provoqua-t-il ainsi involontairement le crime du 21 janvier ?

Le printemps de 1792 fut employé à organiser et exercer les
différents corps qui se trouvèrent prêts quand la guerre fut déclarée par la France à l'Autriche et à la Prusse. Il fut convenu entre
ces deux dernières nations que les alliés entreraient en France
sur trois colonnes : l'armée du centre, qui était la plus nombreuse,
devait marcher sur Paris par la Champagne.

Les troupes émigrées comptaient environ 21,000 hommes, divisés en trois corps ; le plus nombreux, fort de 12,000 hommes,
commandé par les frères du Roi et le maréchal de Broglie, fut attaché à l'armée du centre ; celui du prince de Condé était chargé
d'opérer dans le Brisgau avec une division autrichienne ; enfin, le
troisième, aux ordres du duc de Bourbon, était destiné à agir dans
les Flandres.

Cette dispersion de l'armée royale a été diversement jugée ; on
prétendait, au début, qu'en plaçant un corps d'émigrés dans chaque colonne on faciliterait ainsi le soulèvement des bons Français,
mais les événements ont montré que les alliés nous divisaient afin
de nous enlever la possibilité d'agir seuls et d'obtenir sans eux des
succès.

Ils se doutaient bien que, réunis sous un même chef, alors que
les carmagnoles étaient sans discipline ni consistance et que les
vieux régiments hésitaient à se joindre à nous, il nous eût été fa-

cile d'atteindre Paris et de renverser le régime abhorré par la grande majorité de la nation. Ils savaient aussi, et c'est là l'explication de leur louche politique, qu'après avoir relevé le trône et l'autel nous ne souffririons pas qu'ils s'emparassent des portions de territoire qu'ils convoitaient.

Ils voulaient bien se servir de nous mais ils prenaient leurs précautions pour nous empêcher d'imposer nos conditions.

Lorsque les souverains se furent dispersés, le roi de Prusse vint nous passer en revue et témoigna, ainsi que son état-major, son admiration pour nos beaux régiments de cavalerie noble où l'on voyait souvent sous la buffleterie du simple maître briller les ordres du Roi. Les uniformes, la tenue, les chevaux ne laissaient rien à désirer et l'on se serait cru encore aux beaux jours de la maison du Roi avant les fatales ordonnances de M. de Saint-Germain.

A notre gauche se trouvait rangé dans une magnifique ordonnance le régiment des hussards de Saxe, modèle de discipline, d'instruction et de dévouement qui avait en entier suivi ses officiers sur le chemin de l'honneur.

La revue de l'infanterie eut lieu quelques jours après à Stadt-Brédémie où elle se trouvait cantonnée.

C'est alors que le duc de Brunswick publia ce fameux manifeste qui, par sa maladresse et son arrogance, souleva contre les alliés, non seulement la fierté nationale de nos adversaires, mais plus encore peut-être la nôtre.

Le 19 août, la colonne dont je faisais partie se mit en marche et atteignit la frontière le 27. En faisant une reconnaissance avec cinq autres mousquetaires, nous la franchîmes près d'Ukange où se trouvait un poste de carmagnoles qui s'enfuit à notre vue. Mettant alors l'épée à la main, nous les chargeâmes et nous allions les atteindre quand ils jetèrent leurs fusils et se rendirent. Ils étaient une quinzaine, vêtus comme des voleurs de grand chemin, de parties d'uniformes différents. Ces malheureux appartenaient, nous dirent-ils, à un petit corps échelonné sur la frontière pour la surveiller. Après leur avoir donné quelque monnaie et rendu la liberté, nous entrâmes dans un gros village dont les habitants nous reçurent aux cris de : « Vive le Roi! » et nous affirmèrent que l'armée française était désorganisée.

En approchant de Thionville, dont le gouverneur s'appelait Wimpfen, nous eûmes des engagements sans importance avec quelques détachements, et la ville fut sommée de capituler le 5 septembre. Le gouverneur répondit qu'un homme d'honneur ne pouvait se rendre devant de simples menaces.

La division du prince de Waldeck se porta alors en avant et commença l'attaque avec ses pièces de campagne dont l'effet fut nul. De notre côté, nous mîmes en batterie, sur les hauteurs de la Tuilerie, deux canons et deux obusiers qui ne firent pas de meilleure besogne ; aussi, à la pointe du jour, ne pouvant lutter contre la grosse artillerie des assiégés, nous rentrâmes dans notre camp de la veille, après avoir perdu une cinquantaine de tués ou blessés ; parmi ces derniers se trouvait le prince de Waldeck qui eut un bras emporté.

Il était impossible de recommencer l'attaque avec d'aussi faibles moyens et on se contenta de bloquer la ville en attendant un parc de siège qui devait nous être envoyé de Luxembourg.

Le 11 septembre, notre cavalerie quitta l'armée de siège afin d'accompagner les princes frères du Roi qui allaient rejoindre le roi de Prusse ; l'infanterie resta devant Thionville. Nous pensions que, notre présence étant inutile au siège, on nous conduisait sur un point plus important. Nous arrivâmes le 13 à Verdun qui venait de capituler après quelques heures de bombardement et avait accueilli avec enthousiasme le roi de Prusse. Les jeunes filles lui apportèrent des corbeilles de fleurs et l'appelèrent le libérateur de la France. Quelques mois après Fouquier-Tinville les fit toutes décapiter.

On nous envoya bivouaquer avec l'armée prussienne dans la plaine de Somme-Suippe, où nous eûmes beaucoup à souffrir de la pluie qui changea le terrain marneux en boue liquide où nous enfoncions jusqu'aux genoux ; mais la vue des bivouacs républicains nous faisait oublier toutes nos misères. On nous fit rester onze jours dans ce marécage et les maladies commencèrent à faire beaucoup de victimes.

On remarqua là un fait singulier qui prouve combien l'état moral d'une armée influe sur sa santé ; tous habitués au bien-être et à la vie luxueuse, nous n'avions presque pas de malades, tandis que les Prussiens, gens grossiers et d'apparence robuste, mouraient comme des mouches.

Nous nous attendions à marcher enfin en avant sur Paris ou tout au moins sur Châlons dont on apercevait les clochers, quand l'ordre de la retraite arriva. Nous ne pouvions y croire, car notre armée était bien supérieure en force et en qualité aux carmagnoles et tous les honnêtes Français nous appelaient. Nous ignorions alors que les avides Prussiens ayant reçu leurs douze deniers, se trouvaient satisfaits et abandonnaient la malheureuse famille royale à une mort certaine et la France à l'anarchie. Que de fois depuis je me suis réjoui en voyant la Prusse râler pendant dix ans sous la botte de son vainqueur.

La retraite des Prussiens devint bientôt une déroute où tous les corps, infanterie, cavalerie, artillerie, équipages étaient confondus ; complètement démoralisés, ils jetaient armes et bagages, pillaient, volaient amis et ennemis et se livraient à tous les excès. Notre corps fut obligé de faire l'arrière-garde et comme nous marchions très lentement afin de laisser filer les convois, nous aurions été certainement écrasés par un ennemi entreprenant. Fort heureusement, les républicains ne nous poursuivirent pas, soit par suite d'un arrangement de Dumouriez avec le roi de Prusse, soit par crainte d'un retour offensif qui lui aurait fait perdre les avantages de la comédie de Valmy. Nous n'eûmes affaire qu'aux Prussiens que nous avions pris en horreur et qui résistaient quand on voulait les empêcher de piller ; nous fûmes obligés d'en sabrer un bon nombre et si les choses avaient duré plus longtemps, il est hors de doute que nous aurions fini par nous battre sérieusement avec eux.

Cet état des esprits est peut-être une des causes qui amenèrent notre licenciement un mois après. Cette mesure jeta notre armée dans le plus affreux désespoir ; après nous être équipés à nos frais nous nous trouvions sans ressources, sans pain même. La France nous était fermée, l'étranger nous abandonnait après nous avoir encouragés et nous ne savions où reposer nos têtes. Les uns rentrèrent en France et n'échappèrent à la mort qu'en se cachant dans l'armée ; les autres se dispersèrent dans le monde entier où vécurent des produits de leur industrie. Mon frère aîné, apprenant que sa famille et ses enfants étaient rendus responsables de son absence, rentra et fut arrêté dès son arrivée à Chartres ; fort heureusement, il y fut oublié et thermidor le sauva. Jean entra dans la légion de Damas avec laquelle il fit le siège de Nimègue où il se conduisit brillamment malgré sa jeunesse.

Je reviendrai sur ce sujet.

Quant à moi, j'allai à Dusseldorf où, pour me procurer quelques ressources, je fus obligé de vendre mon excellent cheval qui m'avait porté depuis Paris. J'y reçus une lettre de Julien m'engageant à aller le rejoindre, le corps du prince de Condé devant être conservé ; je me mis de suite en route et c'est pendant ce voyage que j'appris le crime le plus atroce qui mettait le comble aux forfaits de la Convention.

CHAPITRE XIII

ARMÉE DE CONDÉ. — 1793

En arrivant le 27 janvier 1793 au quartier général du prince de Condé à Willingen, une autre déception m'attendait ; d'après des ordres venus de Vienne, les Condéens devaient être licenciés le 1er avril. Cette fois là coupe était pleine et nous prîmes, Julien et moi, le parti d'aller en Crimée où on offrait des établissements aux émigrés français ; mais comme l'argent nous faisait défaut pour ce long voyage, nous résolûmes d'attendre les événements et la date du licenciement. Jusqu'au 2 mars nous vécûmes dans l'inquiétude ; ayant occupé autrefois mes loisirs à tourner le bois, je me procurai quelques ressources en fabriquant des jeux d'échecs et autres petits objets. Enfin, le 2 mars, une bonne nouvelle nous arriva ; l'empereur d'Autriche, touché de nos malheurs, nous gardait à son service et nous allions entrer en campagne sous les ordres de M. de Wurmser qui avait servi avec Mgr le prince de Condé pendant la guerre de Sept ans.

Je m'occupai immédiatement de me trouver une place et eus la chance d'être admis aux chevaliers-dragons de la couronne.

Les différentes colonnes se mirent en marche les 26, 27 et 28 mars ; le 3 avril nous arrivâmes à Heilbronn, jolie ville sur le Neckar, où nous fîmes séjour. On profita de ce temps d'arrêt et de repos pour habiller et chausser ceux d'entre nous qui en avaient le plus besoin.

Le 14 avril, nous passâmes le Rhin sur un pont de bateaux près de Philipsburg, et le prince de Condé nous établit le lendemain dans des cantonnements près de Spire où se trouvait le quartier général de M. de Wurmser.

En ce moment l'armée républicaine, commandée par le marquis

de Custine, venait d'abandonner ses positions entre la Nahe et le
Rhin, puis dut se retirer sur Landau et sur la Lauter ; cette manœuvre livrait Mayence à ses propres ressources et les Prussiens
se décidèrent à l'assiéger. Pour faire diversion, on nous envoya
avec 11,000 Autrichiens sur la ligne de la Queich, où nous reçûmes une nouvelle organisation sous la direction d'un commissaire autrichien. L'infanterie fut formée à 12 compagnies de 193
hommes et la cavalerie à 5 divisions de 400 chevaux, ce qui, avec
les compagnies de bas-officiers, de Suisses et de la prévôté formait
un effectif de 4,000 fantassins et 2,000 cavaliers environ. L'artillerie se composait de 8 pièces de 4 prises aux républicains par les
Prussiens.

Le 6 mai, le roi de Prusse vint visiter le prince de Condé à
Germersheim, où nous nous trouvions avec la légion de Mirabeau, un bataillon d'infanterie noble et un régiment autrichien ; il
nous passa en revue et on remarqua que devant nos rangs il garda le
chapeau à la main ; il ne le remit qu'en arrivant aux troupes de
ligne. C'était certainement fort poli, mais insuffisant pour nous faire
oublier la retraite de Champagne et le licenciement de l'armée des
princes.

Ainsi que je l'ai dit, notre armée fut placée le long de la Queich
avec de forts détachements sur le Rhin à Rilsheim et à Hert ; les
républicains étaient sur la rive droite de la Lauter, où ils remuaient
beaucoup de terre entre Weissembourg et Lauterbourg ; leurs avant-
postes étaient dans la forêt de Bienwald, à Jochkrim et Barbelroth.
Une petite rivière nous séparait et les deux partis se fusillaient
continuellement d'un bord à l'autre sans se faire beaucoup de mal.
Le 17 mai cependant, les républicains attaquèrent les postes autrichiens à Rilsheim et les repoussèrent ; la légion de Mirabeau et les
hussards de Salm étant survenus les mirent en pleine déroute.

Dans cette affaire, quatre de nos pièces, commandées par M. de
Charbonnel, furent un moment au pouvoir de l'ennemi ; mais on
put les reprendre. M. de Charbonnel et ses canonniers y furent
tués.

Notre division était montée à cheval à la première alerte et arriva sur le théâtre du combat au moment où l'ennemi prenait la fuite ; en nous voyant prêts à la charger, sa cavalerie, qui n'avait pas donné, se rejeta sur son infanterie ; celle-ci perdit complètement la tête et la cribla de balles la prenant pour nous. Ce fut une vraie débandade qui nous permit de faire de nombreux prisonniers. Ceux-ci étaient de deux sortes, les vieux soldats et ceux des nouvelles levées. Les premiers étaient animés d'un bon esprit et se battaient bien pour l'honneur, mais ne demandaient pas mieux que d'entrer dans nos rangs ; quant aux autres, c'était une canaille indisciplinée, criant à la trahison et incapable de tenir au feu. En les voyant, on s'expliquait les massacres de ses généraux et les déroutes provoquées par l'apparition de quelques-uns de nos cavaliers. Tout cela eût été bien facile à battre si vraiment les généraux alliés l'avaient voulu.

Pendant ce temps, les Prussiens menaient très mollement le siège de Mayence et nous étions obligés de les attendre pour marcher en avant ; on nous occupa à fortifier nos lignes au moyen de redoutes et d'abattis, depuis l'extrémité de notre gauche appuyée au Rhin jusqu'à notre extrême droite liée aux Autrichiens ; ceux-ci occupaient l'espace entre notre droite et les Prussiens qui bloquaient Landau avec 10,000 hommes. Ces dispositions avaient pour objet d'empêcher Custine de secourir Mayence.

A différentes reprises, les républicains sortirent de leurs lignes, mais ils ne tentèrent un grand effort pour débloquer Mayence que le 19 juillet. Au point du jour, ils s'avancèrent sur plusieurs colonnes, replièrent nos avant-postes et occupèrent les bois en avant des redoutes dont l'artillerie les mitrailla pendant qu'un bataillon autrichien les prenait en flanc ; ils ne tinrent pas longtemps et s'enfuirent dans le plus grand désordre.

Entre Zeiskam et Belheim, M. de Salgues occupait, avec 80 gentilshommes, un petit ouvrage sans artillerie qu'il avait ordre d'abandonner s'il était attaqué par des forces supérieures ; il s'y maintint cependant jusqu'au moment où une colonne menaça de lui couper la retraite ; il se retira alors en arrière et s'arrêta au point où nous nous trouvions, ainsi que quelques hussards. Voyant que les républicains n'étaient pas appuyés, M. de Salgues nous proposa de leur reprendre l'ouvrage, ce qui fut accepté avec enthousiasme. Il nous partagea alors en trois petits détachements, deux d'infanterie et un de cavalerie ; celui-ci fut posté derrière un bois sur la ligne de retraite de l'ennemi. L'infanterie, malgré son infériorité numérique, arriva sans bruit et entra baïonnettes basses dans l'ouvrage où elle tua une cinquantaine de carmagnoles et mit le reste en fuite ; lorsque ceux-ci furent dans l'espace découvert où nous les attendions, nous les chargeâmes vigoureusement et il n'en réchappa guère.

Le même jour, la garnison de Landau fit une sortie qui fut facilement repoussée par les Autrichiens et les Prussiens.

Notre affaire à peine terminée, le prince de Condé vint nous faire ses compliments et embrassa avec émotion le vieux de Salgues qui avait tout conduit avec l'entrain d'un jeune homme.

Les scélérats de carmagnoles massacraient sans pitié nos camarades blessés ou prisonniers ; le prince de Condé veilla lui-même à ce que les prisonniers que nous avions faits fussent bien traités, ce qui les surprit, car on leur avait fait croire que nous ne faisions pas de quartier ; au bout de peu de jours leurs idées changèrent et beaucoup demandèrent à entrer dans nos rangs.

Le 23 juillet, Mayence capitula. A cette nouvelle, on nous fit monter à cheval pour prendre part à un mouvement sur Germsheim, ayant pour objet de couper un corps républicain qui s'était aventuré dans la montagne.

Notre colonne, commandée par le prince de Condé, marcha sur Belheim et nettoya la plaine, pendant que les Autrichiens enlevaient facilement Hendt, Rheinzabern à notre gauche et Offenbach à notre droite. L'ordre nous arriva alors de marcher vers la chaussée de Weissembourg à Landau pour y attaquer un grand convoi. Arrivés près d'Herxheim, on nous fit mettre l'épée à la main ; mais au moment de charger, les éclaireurs vinrent annoncer qu'un ma-

rais impraticable nous séparait de l'ennemi. Nous recevions inutilement beaucoup de boulets, et le prince de Condé nous porta
derrière un pli de terrain qui nous abrita, pendant que notre artillerie répondait avec succès à celle des républicains. Tout présageait
une affaire pour le lendemain ; mais, l'ennemi s'étant retiré, le général nous renvoya dans nos cantonnements ; nous n'avions pas
quitté la selle pendant 26 heures et nos pauvres chevaux tombaient
de fatigue.

Jusqu'au mois d'octobre, le temps se passa en marches, contre-
marches, combats sans importance, dont il serait fastidieux de faire
le récit. Ces lenteurs dans l'attaque des lignes de Weissembourg
étaient incompréhensibles, car il eût été facile de les enlever ; au
lieu de cela on nous faisait bivouaquer inutilement à la belle étoile
et nous avions beaucoup de malades. Nous nous demandions si
nous n'allions pas avoir une seconde retraite de Champagne quand
enfin l'armée reçut l'ordre, le 12 octobre, de se mettre en marche
dans la nuit suivante sur sept colonnes, destinées à tourner ou à
attaquer de front les positions ennemies. La première colonne, dont
nous faisions partie, était elle-même divisée en deux corps : l'un,
commandé par le prince de Condé, devait prendre Dornbach et
l'autre Bergzabern.

A la pointe du jour, le signal fut donné par trois coups de canon
et l'armée se mit en marche. La résistance ne fut pas partout la
même et sur certains points, on eut de la peine à la vaincre ; à
trois heures, d'une hauteur qui dominait Weissembourg, nous
vîmes les républicains en complète déroute.

La petite ville de Weissembourg était pleine d'enragés sans-
culottes et refusa d'ouvrir ses portes qu'on jeta bas à coups de canon. M. de Vioménil y entra avec son corps et deux régiments de
Valaques qui se conduisirent en vrais sauvages.

Ces troupes autrichiennes sont levées sur la frontière de Tur-
quie et n'ont aucune discipline. On les emploie à battre l'estrade
et c'est le seul service qu'elles puissent rendre, car elles ne résistent pas à une troupe réglée. Ces Valaques ne font pas de prison-

niers et pendent les têtes de leurs victimes à leurs selles : le vol, le pillage, le viol et l'incendie sont leurs plaisirs, et ils ne s'en privèrent pas en entrant à Weissembourg ; les Mirabeau eurent beaucoup de peine à faire cesser leurs excès et durent en fusiller plusieurs.

Après avoir passé la nuit près de Weissembourg dans des houblonnières où le bois ne nous manqua pas, nous entrâmes dans la ville le lendemain matin, ayant à notre tête les princes et M. de Wurmser. Les sans-culottes faisaient triste mine, leur bel enthousiasme contre les proscrits s'était singulièrement refroidi et ils ne parlaient plus de nous envoyer chez le barbier national ; notre seule vengeance fut de leur faire nettoyer les rues, affublés de leur bonnet rouge, sous la surveillance de caporaux autrichiens dont la schlague leur faisait manier le balai avec un entrain admirable.

Après quelques heures de repos, le prince de Condé, craignant que nous ne vengions sur la municipalité l'assassinat de plusieurs émigrés qui, quelques mois auparavant, avaient cherché à rentrer et avaient été immédiatement massacrés, nous conduisit à Rotweiler où nous manquâmes mourir de faim, car le pays avait été entièrement ruiné par les carmagnoles.

Le 18, nous allâmes à Haguenau où la population très royaliste nous reçut aux cris de : « Vive les Condéens, vive nos sauveurs ». Un grand nombre de jeunes gens demandèrent à entrer dans nos rangs mais, suivant leur politique habituelle, les Prussiens et les Autrichiens s'y refusèrent, ne voulant pas que notre corps excédât 6,000 hommes. On vit bien une fois de plus que les coalisés ne faisaient la guerre à la Convention que pour s'emparer de l'Alsace et non dans l'intérêt de la cause que nous défendions. Ils se réjouissaient même de l'état d'anarchie où était la France car elle n'était plus aussi redoutable.

Cet état d'esprit aurait nécessité une vigoureuse offensive ; mais soit par politique, soit par la lenteur du général de Wurmser, on perdit l'occasion d'entrer facilement en France et d'écraser à Paris l'hydre de la Révolution qui devait dévorer l'Europe.

Au moment où nous traversions Sultz, une vive canonnade se fit entendre à notre droite ; on nous fit prendre le trot et bientôt nous rejoignîmes l'avant-garde autrichienne engagée avec les républicains ; à notre vue, ceux-ci se retirèrent précipitamment et le terrain étant très coupé, nous ne pûmes les rejoindre. On bivouaqua sur le champ de bataille couvert de morts. Le lendemain, on nous plaça en première ligne près de Bernstein où le prince de Condé établit son quartier général.

Le 26 octobre, le prince de Condé nous fit savoir à l'ordre que notre auguste Reine était à son tour tombée sous le couteau des assassins qui n'étaient arrêtés ni par le sexe ni par l'âge. Ce crime affreux, sans précédent dans l'histoire des peuples civilisés, jeta la consternation dans toute l'armée et chacun se jura de le faire expier à la première occasion à nos adversaires.

Le 27, nous nous portâmes en avant et les Autrichiens eurent un combat sanglant avec les républicains qui perdirent plusieurs pièces de canon et beaucoup de monde. Les Valaques revinrent avec un chapelet de têtes pendues à leurs selles ; ces sauvages barbouillés de sang faisaient horreur à voir.

Dans l'après-midi, me trouvant en reconnaissance avec quelques camarades près d'un régiment de hussards autrichiens qui s'apprêtait à charger un détachement républicain, nous nous mîmes à sa gauche et eûmes la satisfaction de sabrer quelques carmagnoles.

Le 6 novembre, le fort Louis, qui menaçait notre flanc gauche, fut investi et la tranchée ouverte, malgré les pluies torrentielles qui gênaient beaucoup les travailleurs ; le bombardement commença le lendemain et dura jusqu'au 14 où la place se rendit. Ce jour-là on nous fit bivouaquer près de Hochfelden, derrière la Zorn, afin d'observer la garnison de Strasbourg ; les habitants nous dirent que si nous avions marché sur cette ville après la prise des lignes de Weissembourg, la garnison se serait rendue, car l'armée était découragée de ses échecs, accusait ses généraux de trahison et ne voulait plus se battre. Tout cela nous fut confirmé par de nombreux déserteurs ; ils nous affirmèrent aussi que nous serions attaqués le 19. Ce jour-là nous étions donc sous les armes dès quatre heures du matin. L'ennemi parut vers huit heures et, après un engagement de peu de durée fut reconduit jusque sous le canon de Strasbourg, laissant un grand nombre de tués et de blessés sur le champ de bataille. Les carmagnoles se battirent très mal et nous aurions fait beaucoup de prisonniers sans le courage d'un officier qui, avec une cinquantaine d'hommes, nous arrêta pendant une heure dans un petit village dont, sans infanterie ni artillerie, nous ne pouvions le débusquer. Enfin, on nous envoya une pièce de canon qui mit fin à cette résistance ; ces braves trouvèrent leur retraite coupée et, n'ayant plus de munitions, mirent bas les armes. Ils nous dirent ce que nous savions déjà, la haine qui existait entre les vieux soldats et ceux de nouvelle levée, et quand ils virent que nous les traitions en compatriotes et non en ennemis, ils parurent très satisfaits d'être avec nous. Le lieutenant qui les commandait avait été sergent avant la Révolution dans le régiment de Picardie ; il retrouva dans nos rangs plusieurs officiers qu'il avait connus et qui se portèrent garants pour lui. M. le prince de Condé lui permit d'entrer dans la prévôté où il donna des preuves nombreuses de ses sentiments royalistes.

Le 21, nous étions près de Hagueneau quand les républicains passèrent la Zorn et vinrent nous attaquer, ils furent rapidement mis en déroute par les Autrichiens.

Jusqu'au 25 il y eut des escarmouches continuelles auxquelles nous ne prîmes pas part ; mais ce jour-là on nous fit appuyer la charge des cuirassiers de l'Empereur qui avaient beaucoup souffert ; l'ennemi se mit en retraite, mais on put atteindre son arrière-garde qui fut sabrée sans pitié aux cris de : « La Reine ! la Reine ! » et de : « Vive le Roi ! » C'étaient des carmagnoles et nous vengions sur eux les crimes de leurs semblables.

Le 27, l'infanterie noble cachée dans Berstheim y attendit une colonne républicaine qui s'avançait sans s'être éclairée, lui tua beaucoup de monde par une décharge à vingt pas, puis tombant dessus à la baïonnette, la mit en complète déroute. Les jours sui-

vants, jusqu'au 1er décembre, il y eut sur toute la ligne des escarmouches continuelles ; l'ennemi nous tâtait. Ce jour-là il se présenta avec beaucoup d'artillerie devant Berstheim et attaqua le
redan qui couvrait ce village après l'avoir vivement canonné ; il
en fut pour ses frais. Le lendemain 2 décembre, il revint en forces
et repoussa la légion de Mirabeau et un régiment autrichien qui
défendirent jusqu'à la dernière extrémité le village et le redan,
mais furent obligés de reculer. A cette vue le prince de Condé se
mit à la tête de deux bataillons nobles et se précipita sur le village
sans tirer un coup de fusil. En un instant les républicains furent
délogés des maisons avec de grandes pertes. A ce moment, nous
reçûmes l'ordre de charger sur les troupes républicaines qui se
trouvaient près du village de Keffendorf ; malgré un feu terrible,
tout ce qui se trouvait devant nous fut renversé et sabré. Tout à
coup nous nous trouvâmes en face d'un régiment de cavalerie qui
faisait très bonne contenance ; reprenant le galop, nous le chargeâmes aux cris de : « Vive le Roi ! » mais il nous envoya quelques coups de pistolet et tourna bride ; nos chevaux étant hors
d'haleine, on ne put que sabrer les plus mal montés. Deux de leurs
pièces essayèrent de se mettre en batterie pour nous arrêter, mais
on sabra les canonniers avant qu'ils aient pu tirer et on s'en empara. Grâce à la furie de notre attaque nos pertes furent peu considérables ; notre lieutenant-colonel, M. le chevalier d'Oville, que
nous aimions beaucoup, fut au nombre des morts.

Les seconde et troisième divisions de cavalerie noble qui se
trouvaient à quelque distance sur notre gauche avaient chargé en
même temps que nous, mais sur le plateau de Berstheim ; le duc de
Bourbon, qui était à leur tête, franchit un ravin et bien peu de ses
cavaliers purent l'imiter : il arriva donc presque seul sur la cavalerie républicaine qui, de son côté, s'avançait au galop. Un moment on le crut tué, mais ceux qui avaient été arrêtés par le ravin
le tournèrent rapidement, se jetèrent sur le flanc de l'ennemi, le
mirent en déroute et dégagèrent le duc de Bourbon.

Le prince de Condé fit réoccuper tous les postes et reprit sa position du matin. On nous dit qu'il avait échappé par miracle à la mort, car il s'était avancé sur Berstheim à cheval à la tête de ses bataillons dont les premiers rangs avaient été fauchés par la mitraille et les balles. Le duc de Bourbon avait été dans la mêlée blessé assez gravement d'un coup de sabre sur la main et faillit être amputé de trois doigts. Notre perte était d'environ 160 gentilshommes.

Le soir, on commençait à allumer les feux de bivouac, quand le prince de Condé et le duc d'Enghien qui s'était aussi couvert de gloire et avait couru les plus grands dangers en poursuivant trop vivement l'ennemi, arrivèrent dans notre camp ; leur présence excita le plus grand enthousiasme ; on accourait de tous les points pour les saluer et je fus un des derniers parce que je souffrais d'un coup reçu à la jambe. Le cercle était tellement serré autour du prince de Condé que les derniers rangs ne pouvaient entendre ce qu'il disait.

Il termina son allocution par ces mots : « Messieurs, vous êtes tous des Bayards. » Les plus éloignés ayant demandé qu'on leur répétât ses paroles, un de ceux du premier rang leur cria d'une voix de stentor : « Il dit que vous êtes tous des bavards », ce qui provoqua une hilarité générale.

Le 4 décembre, les républicains vinrent de nouveau nous attaquer mollement, et l'artillerie suffit à les repousser ; tous les jours suivants il y eut des tirailleries sans importance. Le 8, les républicains attaquèrent vigoureusement Berstheim, mais l'infanterie noble les chargea à la baïonnette et les repoussa en leur infligeant de grosses pertes. Nous étions placés comme pour l'affaire du 2, mais on n'eut pas besoin de nous.

La tactique de nos adversaires était nouvelle et bien capable d'étonner des troupes habituées aux manœuvres allemandes. Ils couvraient leur front d'une ligne épaisse de tirailleurs qui s'avançaient en criant et faisant feu beaucoup trop tôt ; arrivés à bonne distance, ils s'embusquaient derrière les arbres, les talus, les rochers, et faisaient là une prodigieuse consommation de poudre sans grand résultat, car ils tiraient fort mal ; puis ils reprenaient leur élan en criant plus que jamais et, soutenus par des réserves, ils essayaient de nous aborder. A ce moment ils étaient en grand désordre et si la troupe attaquée avait conservé son calme, elle n'avait qu'à leur envoyer une bonne décharge et à tomber dessus à la baïonnette ; tous ces braillards se sauvaient comme des lapins, et s'il ne se trouvait pas derrière eux quelques vieux régiments pour couvrir la retraite, les généraux républicains en avaient pour quinze jours à rattraper les fuyards qui ne manquaient pas de les accuser de trahison et de les massacrer.

Le 9, les républicains, encouragés par notre immobilité, nous attaquèrent et les Autrichiens se battirent si mollement qu'il fallut nous envoyer au secours de leur gauche, puis soutenir la retraite ; l'artillerie nous fit beaucoup de mal. Nous ne savions pas nous-mêmes que nous allions prendre des quartiers d'hiver et nous fûmes très étonnés de l'apprendre en arrivant le soir près de Haguenau. Notre général Wurmser eut mieux fait de nous y envoyer la veille, car ce mouvement, préparé depuis longtemps, ressemblait ainsi à une retraite et les républicains se vantèrent de nous y avoir forcés.

Nos cantonnements étaient couverts par une ligne de redoutes commandées presque partout par des hauteurs boisées. Dès le lendemain et les jours suivants les républicains vinrent nous tâter et nous canonner ; obligée d'être toujours sur le qui-vive, l'armée, au lieu de se reposer, fut bientôt fatiguée et mécontente. Nos rangs étaient terriblement éclaircis par le feu, les maladies et les fatigues ; le prince de Condé jugea qu'il était nécessaire de demander pour nous à M. de Wurmser un peu de repos dans de bons cantonnements. Le général en chef promit de nous faire relever par des troupes fraîches, mais il n'en fit rien et nous fûmes obligés de combattre tous les jours jusqu'au 22 où les Autrichiens, démoralisés, se laissèrent enlever les redoutes dont ils avaient la garde, et s'enfuirent en désordre. Il fallut que notre corps fît encore l'arrière-garde jusqu'à Seltz où nous arrivâmes épuisés de fatigue. Les Autrichiens et les Prussiens continuèrent leur retraite pendant toute la nuit ; le lendemain, formant toujours l'arrière-garde, on nous fît occuper Lauterbourg avec ordre d'y tenir pour laisser aux convois le temps de filer ; le 25 nous repassâmes le Rhin. Ainsi, l'incapacité et l'entêtement de M. de Wurmser nous forçaient à abandonner l'Alsace et une partie du Palatinat, alors que nous avions été partout vainqueurs des républicains. Notre armée s'était découragée dans l'inaction, énervée dans des tirailleries continuelles, tandis que les républicains s'étaient aguerris et avaient pris confiance en nous voyant si peu entreprenants. L'exaspération était telle que M. de Wurmser n'osait plus paraître devant les troupes qui l'insultaient. Ce général était beaucoup trop vieux et son entourage passait pour être favorable à une guerre purement défensive, afin de laisser la France s'épuiser dans des luttes intestines. Mais si celle-ci souffrait des désordres et des crimes de ses gouvernants, elle avait trop de vitalité pour succomber et dès que l'ordre fut rétabli elle fit chèrement payer à l'Europe sa politique tortueuse. Les alliés venaient de perdre encore une occasion d'étouffer la révolution.

CHAPITRE XIV

1794

Le 31 décembre, on nous fit occuper de très mauvais cantonnements où nous étions entassés dans des granges ouvertes à tous les vents avec nos chevaux au piquet; nous y restâmes près d'un mois. A la fin de janvier 1794 on nous envoya sur le Neckar où nous fûmes beaucoup mieux.

Le comte de Wurmser fut remplacé à cette époque par le comte de Brown qui remit un peu d'ordre dans l'armée autrichienne découragée et nous fit habiller à neuf, ce dont nous avions grand besoin.

Le pays était très giboyeux, mais il était interdit de chasser; cela ne nous empêchait pas de tuer quelques cerfs et de prendre au lacet un grand nombre de lièvres qui amélioraient notre triste cuisine; mais les habitants se plaignirent et bientôt résolurent de s'opposer par la force à nos innocentes distractions. Il faut dire qu'ils étaient travaillés par les émissaires républicains et nous montraient une hostilité ouverte. Plusieurs de nos camarades avaient été blessés en chassant isolément et nous fûmes obligés de ne nous aventurer dans les bois que plusieurs ensemble. Un jour, nous étions en train de dépecer une biche quand une volée de coups de fusil nous arriva; plusieurs de nous furent assez grièvement blessés, ce qui nous mettait en cas de légitime défense, et la fusillade s'engagea. Au bout de cinq minutes nos adversaires étaient en fuite et en les poursuivant nous trouvâmes un des leurs raide mort d'une balle dans la poitrine. Fort inquiets des suites de notre aventure, nous allâmes raconter l'affaire au prince de Condé qui nous tança vertement et se chargea de tout arranger. Le bourgmestre vint se plaindre au général en chef accompagné de la femme du mort; on fit une enquête, mais on ne put découvrir les coupables. Depuis ce temps il ne fut plus question de chasse.

Le 17 mai, nous fûmes mis en route sur Rastadt ; arrivés à destination le 23, on chargea notre corps de surveiller le cours du Rhin du Fort Louis à Karlsruhe, pendant que les alliés, passant le fleuve à Spire, iraient attaquer les républicains retranchés sur la Queich dans nos positions de l'année précédente et sur la ligne de la Speyerbach.

A la fin de mai, M. de Moëllendorff et le prince de Hohenlohe manœuvrèrent pour rejeter les républicains hors du Palatinat et du duché de Deux-Ponts. Battus à Kohlkoff, ils chassèrent à leur tour l'ennemi de Kaiserslautern et le forcèrent à se réfugier derrière la Queich.

Le 2 juillet, les républicains prirent l'offensive et les alliés ne durent le succès qu'à l'arrivée des renforts. Dans la nuit du 13 au 14, les Prussiens, vigoureusement attaqués, furent obligés de se retirer jusqu'à Mayence ; de leur côté, les Autrichiens reculèrent jusqu'à Heidelberg, laissant une seule division sur la rive gauche du Rhin.

Le 25, le duc de Berry vint se placer sous les ordres du prince de Condé et ne tarda pas à gagner tous les cœurs par sa grâce et son affabilité. Le lendemain il nous arriva une excellente remonte de chevaux hongrois dont nous avions grand besoin, car les nôtres étaient dans le plus triste état. J'eus pour ma part une charmante jument alezane qui remplaçait avantageusement mon bucéphale absolument fourbu.

Le 12 août, nous quittâmes nos cantonnements pour aller en occuper d'autres aux environs de Steinbach et de Stollhofen.

A ce moment, le comte d'Artois se rendit en Angleterre avec le duc d'Angoulême ; ce voyage avait, paraît-il, pour objet de nous faire passer au service de cette nation, car après avoir vendu son argenterie et ses bijoux pour améliorer le sort de ses compagnons d'infortune, le prince de Condé se trouvait, ainsi que nous tous, dans la détresse la plus affreuse. Lorsqu'il avait à sa table quelque personnage étranger, il était obligé de nous emprunter les couverts d'argent que quelques-uns de nous avaient conservés et de mettre à l'épreuve nos talents de chasseurs pour offrir à ses convives autre chose que la chair frugale dont il se contentait. Chacun alors lui apportait ce qu'il pouvait se procurer et s'estimait heureux de s'imposer quelques privations pour ce chef vénéré, pour ce prince dont le courage fut toujours à la hauteur des plus cruelles infortunes.

La pluie qui ne cessa de tomber pendant tout le mois de septembre avait causé beaucoup de maladies dans nos mauvais cantonnements et on nous en assigna d'autres au commencement d'octobre entre Durlach et Ettlingen.

Ne recevant aucune nouvelle d'Angleterre, apprenant même que les princes n'avaient pu s'y rendre et n'ayant plus rien des subsides envoyés par l'impératrice de Russie, le prince de Condé se vit obligé de demander à l'empereur d'Autriche d'augmenter notre solde à peine suffisante pour nous empêcher de mourir de faim. La réponse de l'empereur fut évasive et le découragement commençait à nous gagner quand M. de Bouillé arriva d'Angleterre avec six mille livres sterling et une lettre de M. Pitt où ce dernier laissait entendre qu'il traitait à notre sujet avec l'empereur.

L'année 1794 se termina sans que nous eussions fait le moindre mouvement ; l'inertie ou la politique des alliés laissaient les républicains augmenter leurs conquêtes et s'aguerrir. Une seule fois, le 11 décembre, nous reçûmes l'ordre de passer le Rhin le lendemain, mais au moment de partir, le général en chef changea d'avis.

L'hiver fut extrêmement rigoureux ; logés dans de mauvaises cabanes ou bivouaqués, nous eûmes beaucoup à souffrir de notre service d'avant-postes le long du Rhin. Pour comble de malheur l'évêque de Spire invoqua son droit de n'avoir pas de troupes sur son territoire ; il refusa même de laisser le prince de Condé établir son quartier général à Bruchsal et celui-ci fut obligé de menacer d'enfoncer les portes à coups de canon pour le faire céder.

———

CHAPITRE XV

1795

Au mois de février, nos cantonnements étant devenus inhabitables, on nous envoya sur le Neckar dans nos positions de l'hiver précédent.

Au mois de mai, l'empereur, effrayé des progrès des républicains et du découragement de ses troupes, se décida enfin à s'occuper de nous ; il engagea le prince de Condé à augmenter son corps dont la solde serait plus élevée, grâce aux subsides que l'Angleterre allait fournir.

Le 13, nous reçûmes l'ordre de marcher dans la direction du Rhin, en passant par Hornberg et Waldkirch où nous apprîmes le traité de Bâle entre la Prusse et la République française. Ce fut une nouvelle trahison de notre alliée, mais on n'en était plus à les compter.

Le 25 on nous fit camper près de Nimburg avec une partie de l'infanterie noble ; le reste fut établi le long du Rhin.

Ce fut vers cette époque que la nouvelle de la mort de l'infortuné Louis XVII nous fut annoncée. Lorsqu'elle nous fut confirmée le 16 juin, le prince de Condé nous fit prendre les armes et former sur trois côtés d'un carré, le quatrième était occupé par un bois le long duquel un autel était dressé.

Tous les princes étant arrivés, l'office commença au milieu du plus profond silence ; lorsqu'il fut terminé, le prince de Condé nous adressa sur l'infortunée victime quelques paroles émues qui tirèrent des larmes de tous les yeux. Pour terminer, il s'écria : « Messieurs, le Roi Louis XVII est mort, vive le Roi Louis XVIII ! » Tout le monde répondit en brandissant ses armes : « Vive le Roi ! » Lorsque le silence se fut rétabli, les aumôniers entonnèrent le *Domine salvum fac regem* au milieu des détonations de l'artillerie, puis l'armée défila devant les princes et regagna ses cabanes de feuillage.

Le lendemain, l'armée reçut sa nouvelle organisation et fut augmentée de huit régiments dont quatre de cavalerie ; mon corps étant conservé, je préférai y rester, bien que dans un autre il m'eût été facile d'obtenir un grade et par suite une augmentation de solde.

Le 30 juillet, à la suite, disait-on, de difficultés entre le prince de Condé et le duc de Bourbon, celui-ci nous quitta et fut vivement regretté.

Jusqu'à la fin de septembre, il n'y eut rien de remarquable ; j'obtins quelques jours de congé que j'allai passer à Bâle, ville très agréable et terrain neutre où républicains et émigrés fraternisaient parfois cordialement. Pour mon compte, je n'eus qu'à me louer de mes rapports avec quelques officiers républicains qui logeaient dans la même auberge que moi et nous nous quittâmes excellents amis. La plupart détestaient cordialement le gouvernement révolutionnaire et rêvaient une république comme il n'y en a jamais eu et comme il n'y en aura jamais. Comprenant très bien la cruelle situation dans laquelle nous nous étions trouvés en France, ils ne pouvaient nous reprocher de les combattre et, de notre côté, nous ne pouvions leur savoir mauvais gré de défendre une cause qu'ils considéraient comme juste. Nous nous estimions réciproquement, bien que dans deux camps différents ; nous ne pouvions regretter qu'une chose, c'était de ne pas pouvoir lutter contre eux sur le sol de la France et sans le concours de ces étrangers que nous haïssions ; mais l'enchaînement des événements avait été la cause de tout et nous n'y pouvions rien.

Ces rapports continuels, tant à Bâle que sur tous les points du Rhin, amenèrent une détente entre les belligérants ; les républicains ne comptaient plus dans leurs rangs ces brigands de volontaires qui étaient dignes de figurer avec les Valaques, et la guerre devint ce qu'elle doit être entre peuples civilisés, c'est-à-dire que les républicains traitèrent nos prisonniers comme nous avions toujours traité ceux que nous faisions ; bien mieux, il arrivait que de part et d'autre on les laissait volontiers s'échapper.

Notre armée, commandée par l'éternel Wurmser, était forte d'environ 45,000 hommes et occupait les bords du Rhin de Bâle à Karlsruhe ; les républicains garnissaient l'autre rive, mais étaient surtout concentrés vis-à-vis Manheim que les Palatins se laissèrent enlever. Le général Quasdanovitch fut obligé de se reporter en arrière et M. de Wurmser envoya nos dépôts et convois près de Radolfzell sur les bords du lac de Constance.

A la fin du mois de septembre, le général Quasdanovitch obtint plusieurs succès sur les républicains et les força à reculer ; s'il avait été battu, notre armée aurait perdu tous ses magasins placés sur le Neckar. Effrayé du danger qu'il avait couru, M. de Wurmser alla établir son quartier général à Heidelberg dans les premiers jours d'octobre et se réunit au général Clerfayt qui venait d'infliger un sanglant échec aux républicains près de Mayence.

Pendant que notre corps restait en observation, M. de Wurmser et le comte de Clerfayt obtenaient des succès considérables et s'emparaient de Manheim le 22 novembre ; les Autrichiens y firent 8,000 prisonniers et y trouvèrent 200 pièces de canon.

Nous nous attendions à passer le Rhin à la hauteur de Schlestadt, quand M. de Wurmser nous appela à Manheim. Partis le 5 décembre de nos cantonnements, nous étions le 15 près de Rastadt où l'ordre nous vint de suspendre notre marche. Cette fois encore la politique autrichienne nous empêcha de mettre à profit les bonnes dispositions des Alsaciens et d'accepter le concours de Pichegru et de son armée qui demandaient à se joindre à nous pour renverser le gouvernement. Pichegru mettait comme seule condition que pas un Autrichien ne mettrait le pied en France et que nous seuls Français nous ferions nos affaires. Cela ne pouvait convenir aux Autrichiens qui convoitaient l'Alsace ; ils firent rompre les négociations et compromirent Pichegru en répandant traîtreusement le but des pourparlers.

C'est ainsi que, pour la troisième fois, ils assurèrent le triomphe de la révolution.

CHAPITRE XVI

1796

La cinquième année sur la terre d'exil commença donc sous de bien tristes auspices, car tout espoir nous semblait désormais ravi.

Jusqu'au mois de juin, il n'y eut, pour varier la monotonie de notre existence, que des changements de cantonnements ; mais l'armistice étant expiré le 31 mai, nous nous mîmes en route le 3 juin vers le Rhin dont on annonçait le prochain passage par notre avant-garde.

En arrivant le 10 près de Riegel, on nous apprit que le Roi Louis XVIII s'y trouvait et que l'archiduc Charles était nommé à la place de M. de Wurmser, envoyé à l'armée d'Italie.

Le 24, les Autrichiens laissèrent les républicains s'emparer de Kehl sans même faire la moindre défense. A cette nouvelle on nous envoya bivouaquer à Graffenhausen et le lendemain à Nonenwihr où le Roi et le prince de Condé établirent leur quartier général. Le lendemain, nouveau déplacement sur Schuttern où on nous fit cantonner. Ce jour-là on eut de grandes inquiétudes sur le duc d'Enghien qui, par suite de la lâcheté des troupes souabes, faillit être enlevé avec l'avant-garde qu'il commandait ; on n'eut de ses nouvelles que pendant la nuit. Cette échauffourée nous força à prendre une position en arrière et nous eûmes de fréquentes alertes et des affaires d'avant-postes.

Le 1er juillet, l'armée partit pendant la nuit, alla s'établir derrière l'Eltz et, trois jours après à Willingen où nous arrivâmes à la suite d'une marche très pénible de quatorze heures dans la montagne. On y apprit que les républicains s'avançaient rapidement et sans trouver de résistance sérieuse. Le 13, nous fûmes envoyés à Sultz pour menacer le flanc droit de l'ennemi ; à peine arrivés, on nous annonça que l'archiduc Charles et le comte de Giulay avaient été battus.

Ces mauvaises nouvelles inquiétèrent le prince de Condé pour la sûreté du Roi et, malgré sa résistance, il obtint qu'il quittât l'armée; il venait de partir quand nous revînmes rejoindre l'armée le 16.

L'archiduc étant obligé de se retirer vers le Danube, il fallut suivre son mouvement et occuper de nouvelles positions entre Uberlingen et Stockach sur les bords du lac de Constance, puis à Memmingen où nous arrivâmes le 2 août.

Notre position était fort aventurée, car les républicains débordaient notre droite et notre gauche, complètement découvertes par suite de l'éloignement des Autrichiens. On fit des reconnaissances dans toutes les directions et partout on rencontra l'ennemi.

Le prince de Condé se vit donc dans l'obligation de se porter derrière la Günz et d'établir son quartier général à Mindelheim, sur la chaussée de Munich à Memmingen. Les républicains entrèrent dans cette dernière ville dès que notre arrière-garde en fut sortie, et ne tardèrent pas à paraître à notre droite. Cette fois, la position n'était plus tenable, car notre petit nombre ne nous permettait pas de lutter et nous étions à plus de douze lieues des troupes autrichiennes les plus rapprochées. Le prince de Condé réunit un conseil de guerre le 12 août, et il fut décidé qu'au lieu de reculer nous attaquerions les républicains ; si nous ne pouvions espérer vaincre un ennemi dix fois plus nombreux, nous avions au moins la certitude de faire payer cher notre retraite et de montrer aux Autrichiens comment se battent des Français.

Les républicains arrivèrent dès le 11 août occuper le village d'Ober-Kamlach à une portée de canon de notre position d'où on distinguait tous leurs mouvements; ils essayaient d'entrer en relations avec nous et nous faisaient passer par les habitants des lettres et des imprimés pour nous engager à rentrer en France où l'amnistie, disaient-ils, allait être proclamée.

Plusieurs bas-officiers des troupes soldées se laissèrent séduire et

désertèrent. Il est bien inutile de dire que pas un de nous ne son-
gea même à les imiter.

L'ordre de monter à cheval nous arriva le 13 à une heure du
matin, et nous nous mîmes en marche, quelques instants après
nos petites colonnes d'infanterie chargées d'attaquer les villages
de Ober-Kamlach et Unter-Kamlach. Notre cavalerie était formée
en deux détachements pour soutenir l'infanterie et poursuivre l'ennemi quand il aurait été chassé des villages.

Le prince de Condé avait recommandé de ne pas tirer un coup
de fusil et les premiers postes furent enlevés sans bruit, mais
l'alerte ayant été donnée, les républicains se mirent en défense
derrière un petit pont et par des feux de peloton causèrent de
grands ravages dans les rangs de l'infanterie noble avant qu'elle
eût pu les déloger.

Les républicains se retirèrent alors dans un bois qui coûta encore beaucoup de sang aux nôtres. Au moment où le succès
paraissait assuré, l'ennemi reçut des renforts qui manœuvrèrent
pour nous entourer. Le prince de Condé donna alors l'ordre de
la retraite; il eut mille peines à faire lâcher pied à notre infanterie
qui, furieuse de ses pertes, s'acharnait à vaincre les dernières ré-
sistances de ses adversaires.

Notre cavalerie, placée à droite et à gauche de la chaussée,
couvrait la retraite; le dernier échelon formé par la cavalerie
de Damas fournit seul une charge pour arrêter les hussards qui
nous suivaient de trop près et les repoussa; on nous fit ensuite
reprendre nos positions de la veille. Ce combat nous coûta environ
deux cents tués ou blessés. Parmi ces derniers se trouvait Jean
qui avait reçu un coup de sabre sur la main de bride.

Le récit des événements de la campagne ne m'a pas permis de
dire qu'il était venu nous rejoindre au mois de décembre près de
Rastadt après avoir fait toutes les campagnes des Pays-Bas,
puis le siège de Nimègue, où il avait eu un cheval tué sous lui
et mérité les compliments de ses chefs; on lui promit même

la croix de Saint-Louis et il allait l'obtenir[1] quand se produisit
le malheureux événement que je vais rapporter.

La cavalerie de Damas dont il faisait partie se repliait après sa
charge en fourrageurs ; un des camarades de Jean ramenait un
hussard qu'il avait fait prisonnier et auquel il avait laissé ses
armes par égard pour un compatriote sans doute, mais ce dernier,
ne se croyant pas vu, profita de ce que son vainqueur le précédait
pour lui passer traîtreusement son sabre au travers du corps et essaya de s'échapper. Mais Jean avait assisté au drame, il se précipita sur le misérable qui, mal monté, fut bientôt rejoint et sabré
non sans s'être bien défendu, car, ainsi que je l'ai dit, il blessa Jean
à la main gauche.

Ce combat avait eu pour théâtre l'espace découvert qui se trouvait à droite de la route et entre les deux armées qui en furent
témoins. Jean rejoignit son corps et un appareil fut mis sur sa
blessure qui n'était pas grave mais douloureuse ; j'allai le voir le
soir et le trouvai tranquillement occupé à fumer une superbe pipe
trouvée dans les fontes du cavalier républicain qu'il avait tué. Je
le quittai sans remarquer chez lui la moindre préoccupation ; tout
au contraire, il paraissait enchanté de sa journée et de la certitude
de recevoir bientôt la croix de Saint-Louis.

Quel ne fut pas mon étonnement et mon chagrin en apprenant
le lendemain matin qu'il venait d'être grièvement blessé. Je le
trouvai, comme la veille, le bras gauche entouré de bandes et l'air
aussi gaillard qu'à l'ordinaire ; je crus un instant qu'on m'avait
mal renseigné, mais il ne tarda pas à me confirmer la triste nouvelle. La veille au soir avant ma visite, il recevait de ses camarades et de ses chefs beaucoup de compliments, quand un autre
Damas, avec qui il avait déjà eu maille à partir, dit, assez haut
pour que Jean l'entendît, qu'il cherchait à se rendre intéressant,
car sa blessure n'était qu'une coupure sans importance et qu'une

---

1. Le brevet ne lui fut expédié que le 24 septembre 1814 ; la proposition datait de
1795, alors qu'il n'avait que 18 ans.

demoiselle en ferait moins d'état. Jean, dont la patience n'était
pas la vertu dominante, répondit par un soufflet et les deux adversaires se promirent de se battre le lendemain jusqu'à ce que
l'un des deux fût mort; Jean ne m'avait rien dit de tout cela, afin
que je ne cherche pas à atténuer les conditions du duel. La rencontre eut donc lieu à mon insu dans un petit jardin de Mindelheim le 14 août, à six heures du matin. Les témoins mirent dans
un sac deux pistolets dont un seul était chargé, et placèrent les
deux adversaires à la longueur d'un mouchoir. Comme Jean souffrait de sa main gauche, il la plaça sur sa tête. Au signal des témoins un coup de feu retentit et la main de Jean fut traversée
d'une balle. L'émotion avait fait trembler son adversaire qui visait
le front.

Cette fois la blessure était très grave et Jean fut obligé d'aller à
l'hôpital de Titmoning; je ne le revis plus qu'en France, car les
progrès de l'ennemi sur nos flancs obligèrent le prince de Condé à
nous porter en arrière du Lech, puis sur Munich où nous arrivâmes le 26, ainsi que l'armée du comte La Tour; cette dernière
venait d'éprouver de graves échecs et était en triste état.

Nous pensions rester quelques jours dans cette position, quand
les Autrichiens firent savoir au prince de Condé que les républicains s'avançaient, qu'ils n'étaient pas en état de leur tenir tête et
qu'ils allaient se mettre en retraite. A minuit, il fallut suivre leur
mouvement et contourner Munich dont les portes étaient fermées;
l'Électeur, effrayé de l'approche des républicains, voulait garder
une sorte de neutralité tardive.

A la pointe du jour, nous établissions notre bivouac à deux lieues
de Munich.

Au lieu de nous poursuivre, les républicains rétrogradèrent, car
l'archiduc Charles venait d'obtenir un succès important et se
trouvait très en arrière de leur aile gauche sur le Neckar. L'ennemi nous laissa tranquilles jusqu'au 30; ce jour-là nous eûmes un
engagement assez vif où huit des nôtres, dont M. du Roure,
furent faits prisonniers. Les Autrichiens, très effrayés, voulaient.

faire retirer même les avant-postes derrière l'Ysser, mais le duc d'Enghien obtint de rester sur les points qu'il occupait.

Le 1er septembre, l'ennemi parut à dix heures du matin sur le pont de Munich après avoir repoussé nos patrouilles. Toute la journée, les deux armées échangèrent des boulets et des balles ; notre perte fut d'environ soixante hommes, dont quatre officiers de Damas et de Baschy. Le lendemain, les républicains ne firent aucun mouvement, la rivière seule nous séparait et, sans chercher à engager le combat, nous nous parlions amicalement d'une rive à l'autre. En nous voyant, on ne se serait guère douté que nous étions dans deux camps différents ; il n'en était pas de même, par exemple, avec les Bavarois qui nous étaient franchement hostiles depuis l'arrivée des républicains ; ils sont toujours du côté du vainqueur, ainsi qu'ils l'ont montré sous l'Empire.

Il n'y eut rien d'intéressant jusqu'au 7 septembre où notre infanterie attaqua le pont pour faire diversion à un mouvement tenté par les Autrichiens.

Le bruit courait que les républicains avaient éprouvé de graves échecs et que l'armée qui était devant nous faisait refluer ses convois pour faciliter sa retraite ; la cavalerie de Damas eut ce jour-là un brillant combat avec un régiment de cavalerie républicaine. Dans la nuit, on nous fit monter à cheval, mais au moment de partir, le mouvement fut décommandé. Le matin du 8, la tête du pont de Munich commença un violent feu de mousqueterie qui nous tua quelques hommes ; on y répondit par des obus qui mirent le feu à un grand amas de bois et à une quinzaine de maisons ; le vent jeta des étincelles sur le faubourg occupé par nos avant-postes et nous eûmes beaucoup de peine à éteindre l'incendie.

La situation resta la même jusqu'au 12, où les républicains battirent précipitamment en retraite ; le prince de Condé les fit poursuivre par M. le comte de Vioménil et nous ramena en avant de Munich où nous fûmes rejoints par les troupes du comte de La Tour.

Tous les jours suivants il y eut aux avant-postes des engagements très vifs et nous vîmes passer dans notre camp un grand nombre de prisonniers républicains. Le 20, l'armée continua sa marche en avant et apprit le lendemain les succès de l'archiduc Charles qui obligeaient les républicains à se retirer rapidement pour ne pas être coupés ; le 25, pendant que nous passions la Günz, on entendit une forte canonnade dans la direction d'Ulm qui ne cessa qu'à la nuit. Le lendemain, je fis partie d'une petite reconnaissance qui trouva l'ennemi en force derrière l'Iller dont il avait rompu le pont ; quelques coups de canon nous furent envoyés, mais ne blessèrent personne. Le lendemain, les républicains battirent en retraite et notre avant-garde les poursuivit après avoir rétabli le pont de l'Iller qui nous servit le 28 pendant que l'infanterie passait sur un pont de bateaux. Ce jour-là, l'armée bivouaqua près de Laupheim et le lendemain en avant de Biberach. Cette ville était remplie de troupes autrichiennes qui venaient renforcer celles du comte de La Tour.

Le 30, notre avant-garde, aux ordres du duc d'Enghien, eut un engagement très vif qui lui causa de grosses pertes ; on disait que la légion de Damas et le régiment d'Hohenlohe étaient anéantis ; mais ils n'avaient perdu qu'environ 300 hommes. Nos camarades avaient délogé les républicains de toutes les positions qu'ils cherchèrent à défendre et le duc d'Enghien donna de nouvelles preuves de ses talents militaires. On nous envoya les appuyer le lendemain. Nous trouvâmes des vedettes ennemies près de Schussenried ; de l'autre côté de Sulgau on apercevait entre deux bois une colonne en marche qui paraissait se diriger vers Riedlingen sur le Danube, mais il était impossible de s'en assurer car Sulgau était fortement occupé.

Le 2 octobre, les républicains nous attaquèrent sur toute la ligne et ne purent nous entamer ; malheureusement un gros détachement autrichien se laissa envelopper et se rendit sans se défendre. Le comte de La Tour, effrayé, se décida à occuper des positions en arrière ; notre corps opéra son mouvement avec le plus grand calme, mais les Autrichiens, pris de panique, s'enfuirent en désordre et il fallut couvrir leur retraite. L'ennemi, en voyant cette débandade, nous poursuivit si vivement qu'il devint nécessaire de l'arrêter pour sauver nos convois et laisser aux Autrichiens le temps de se reformer. Le prince de Condé profita d'une petite rivière qui coupait la chaussée à angle droit, garnit ses bords d'une ligne de tirailleurs et fit placer deux pièces sur le pont.

Comme à l'ordinaire, les républicains arrivèrent avec une épaisse ligne de tirailleurs qui engagea la fusillade avec les nôtres. Notre feu leur fit perdre beaucoup de monde, ce qui refroidit leur entrain et les obligea à se retirer. A ce moment on nous fit charger au nombre de 53, ce qui acheva la déroute de l'ennemi. Je perdis là un de mes camarades qui fut tué et ma jument dont une balle cassa une jambe. Quand l'affaire fut terminée, j'achevai cette pauvre bête d'un coup de pistolet, et je rapportai sur mon dos tout son harnachement. On me donna, pour la remplacer, un cheval qu'on venait de prendre à un dragon républicain tué dans notre charge.

Cette affaire sauva l'armée autrichienne qui, sans nous, n'aurait pu s'échapper, ni résister, car tous ses corps étaient complètement désorganisés; les Autrichiens le reconnurent du reste et nous en témoignèrent leur reconnaissance.

La retraite continua le 3 et le 4 octobre ; chose assez singulière, les républicains en faisaient autant de leur côté ; de cette façon, nous n'avions pas de chances de nous rencontrer. Enfin, les rapports devinrent tellement rassurants et positifs sur la disparition des républicains que le 6 notre corps fut reporté à gauche sur Biberach, puis à Reichenbach et à Stokach. Le temps était épouvantable et malgré des torrents de pluie on nous fit bivouaquer à la belle étoile, sans vivres et sans tentes. Fort heureusement, les nouvelles étaient bonnes, ce qui nous faisait supporter gaiement la misère et les fatigues incessantes. On nous apprit en effet que l'armée du général Hotzé était entrée en Alsace après avoir battu les républicains dans plusieurs rencontres et que l'archiduc Charles était arrivé sur les bords du Rhin.

Le 12, nous étions sur les bords du Danube, quand M. du Roure, qui avait été fait prisonnier le 30 août, comme je l'ai dit, nous revint ; il était parvenu à s'échapper, grâce à la bonne volonté de ses gardiens et était caché depuis quinze jours chez des paysans sur les bords du lac de Constance. Le même fait se reproduisit souvent à cette époque, car les passions s'étaient singulièrement calmées chez nos adversaires ; les municipalités seules faisaient emprisonner et condamner ceux d'entre nous qui cherchaient à rentrer.

Le 14, l'armée du comte de La Tour nous quitta pour aller se joindre à l'archiduc Charles dans la Brisgau et nous fûmes placés sous les ordres du général de Frœhlich que nous n'aimions guère à cause de ses façons soldatesques.

Le mauvais temps ne cessa pas, les jours suivants, dans notre marche sur Neustadt et Waldau, où nous rencontrâmes les républicains qui ne nous attendaient pas et faisaient tranquillement leur cuisine. Leur déroute fut complète et leurs vivres nous furent très utiles, car nous étions épuisés de fatigue et mouillés jusqu'aux os ; le 19, la neige s'en mêla, l'ennemi menaça nos flancs, M. de Frœhlich fut obligé d'abandonner le val d'Enfer devant des forces supérieures, si bien qu'il fallut reculer par des chemins impraticables.

La Forêt-Noire est, à juste titre, renommée pour la beauté de ses sites ; mais nous n'étions guère disposés à les admirer dans un pareil moment ; nous vivions en plein air, sans aucun abri et pour toute nourriture nous n'avions que quelques pommes de terre ; les généraux eux-mêmes étaient logés à la même enseigne, et nos chevaux n'avaient à manger que des feuilles mortes. Fort heureusement, l'ennemi s'arrêta et son arrière-garde fut débusquée de Saint-Mergen par notre infanterie, ce qui permit à un convoi de pain et d'avoine de nous ravitailler ; deux jours de plus, hommes et chevaux seraient morts de faim.

Le lendemain, le duc d'Enghien entra à Fribourg, où il trouva l'archiduc. Le lendemain, l'ordre nous arriva de marcher pour

nous réunir à lui, mais en route on nous dirigea sur Hartheim,
situé sur les bords du Rhin où nous arrivâmes dans la nuit ; dès
le lendemain matin on nous envoya un peu plus loin sur la route
de Bâle et le 24, dans la nuit, l'ordre nous fut donné de monter à
cheval à cinq heures pour attaquer les républicains établis à
Steinstadt.

L'armée était formée en quatre colonnes, dont trois autrichiennes ; la nôtre, commandée par le prince de Condé, était chargée de suivre le Rhin en le remontant et d'aborder Steinstadt
par le nord pendant que les trois autres attaqueraient par la route
de Bâle et par l'ouest. Un épais brouillard gêna la marche combinée, mais à dix heures notre infanterie entra dans Steinstadt et
délogea les républicains de toutes les maisons où ils se défendirent
courageusement, après quoi ils se retirèrent sur une hauteur d'où
leur artillerie nous obligea d'attendre les Autrichiens qui n'a-
vaient pas encore paru ; pendant ce temps, notre artillerie et nos
tirailleurs entretinrent un feu excessivement nourri qui dura jusqu'à la nuit, que notre cavalerie passa au bivouac dans la plaine par
où nous étions arrivés.

Les Autrichiens, n'ayant pas donné signe de vie, nous ne savions ce qu'ils étaient devenus quand le matin on vit que, par un
mouvement menaçant leur retraite, ils avaient obligé les républicains à se retirer sur Huningue.

Nous restâmes le lendemain dans notre bivouac où, grâce à la
pluie qui ne cessait pas, nous étions dans la boue jusqu'aux genoux ; le pays avait été ravagé par les républicains, nous n'avions
ni vivres, ni fourrages.

L'ennemi s'était retiré sur la rive gauche, mais avait conservé là
tête du pont d'Huningue. D'après le rapport de nos espions, il
faisait refluer ses colonnes vers Strasbourg, où il semblait préparer un mouvement. En conséquence, l'archiduc partit pour Kehl
avec une partie de ses troupes, nous laissant sous les ordres du
prince de Furstemberg. Celui-ci nous fit avancer jusqu'en vue de
la tête du pont d'Huningue, où les républicains travaillaient à se

fortifier pendant que les Autrichiens établissaient des batteries commandant leurs positions.

En attendant l'ouverture du feu, on nous fit cantonner près de Neuburg le 30, et l'avant-garde, avec le duc d'Enghien, vinrent nous rejoindre quelques jours après. Tout le mois de novembre se passa sans événements remarquables, sauf une sortie que les républicains firent à Kehl et qui n'eut pas de résultats sérieux, car l'archiduc les repoussa. Le même jour, nos batteries détruisirent le pont d'Huningue, de sorte que les troupes de la tête de pont se trouvèrent isolées de leur armée. Pensant qu'elles devaient être démoralisées, le prince de Furstemberg les fit attaquer le 1er décembre. Deux des colonnes s'emparèrent des redoutes devant elles, mais la troisième fut repoussée, ce qui obligea les autres à se retirer.

Les travaux d'approche se poursuivaient bien lentement au gré de nos désirs; ils étaient retardés par la rigueur de la saison qui imposait de grandes souffrances aux travailleurs; nos adversaires n'étaient pas mieux que nous et plusieurs désertèrent de notre côté. Ils nous racontèrent qu'ils communiquaient la nuit avec Huningue au moyen de barques et que leur général, qui était très dur pour eux, avait été tué. Il se nommait Abatucci.

CHAPITRE XVII

1797. — RENTRÉE EN FRANCE

L'année 1797 commença par la reddition de Kehl, ce qui permit de nous envoyer un nouveau parc de siège, celui que nous avions étant insuffisant pour tenir tête à la grosse artillerie des républicains.

Notre présence n'étant d'aucune utilité et les fourrages ayant été entièrement épuisés dans le pays, on nous fit partir le 16 pour la Souabe, où nous trouvâmes de bons cantonnements. A peine arrivés, un garde du corps nous apporta différentes faveurs que le Roi nous envoyait de Blanckerbourg ; pour mon compte, j'obtins la croix de Saint-Louis, que j'étais loin de m'attendre à recevoir, n'ayant pas le temps requis. Le Roi voulut bien me faire compter le temps passé à quart de solde, ce qui me faisait 22 ans de service dont 10 en campagne.

Le 3 février, on nous apprit la capitulation de la tête de pont d'Huningue, qui nous rendait maîtres de toute la rive droite du Rhin et nous permettait de le passer sur le point qui nous conviendrait. Mais les nouvelles d'Italie devinrent si mauvaises que l'archiduc y fut envoyé avec 25,000 hommes, et notre armée se trouva insuffisante pour tenir tête aux républicains qui passèrent le Rhin près de Kehl le 20 avril, sans éprouver de résistance, grâce à l'incurie des généraux autrichiens, prévenus depuis longtemps. Deux jours après, l'armée autrichienne était battue et en complet désordre.

L'ordre nous était arrivé le 25 mars de nous porter immédiatement vers le Rhin, où notre infanterie courait les plus grands dangers d'être entourée par les républicains débouchant de la vallée de la Kentzig.

Pendant notre marche, on nous apprit les succès du général Bonaparte, la signature de la suspension d'armes de Léoben et l'interruption des hostilités. Le 16 mai, nous arrivions sur les bords du lac de Constance, où on nous fit cantonner jusqu'au 1ᵉʳ juin. Ce jour-là, l'armée se trouva réunie près de Stokach pour y passer une revue d'effectifs dont le résultat parut étonner beaucoup le général Nauendorff, car nous étions beaucoup plus nombreux qu'il ne le supposait. On lui avait dit qu'un très grand nombre d'entre nous étaient rentrés en France et il ne pensait pas que nous fussions plus de 4,000. Au lieu de cela nous étions 7,000 en parfait état. Cela tenait à ce que les vacances étaient immédiatement comblées par des émigrés qui attendaient des places, par des déserteurs français qui avaient pu fournir des preuves de leurs principes royalistes et enfin par des soldats autrichiens qui, après leurs défaites, avaient préféré rester dans nos rangs.

Le bruit de notre prochain licenciement ne tarda pas à se répandre dès que la paix fut signée ; beaucoup d'entre nous demandèrent leur congé et rentrèrent sans difficultés en France. Pour mon compte, j'attendis des nouvelles plus certaines, ne voulant pas abandonner mon corps tant qu'il existerait; mais quand à la fin de juillet on nous demanda à opter entre la permission de nous retirer ou passer au service de la Russie en Wolhynie, je n'hésitai pas à prendre le premier parti. Julien ne voulut pas m'imiter et resta au régiment de Berry jusqu'au licenciement définitif en 1800.

Après avoir servi pendant sept ans dans l'armée du prince de Condé, j'éprouvai un grand serrement de cœur en quittant ce chef vénéré qui nous avait si souvent conduits à la victoire et montré le chemin de l'honneur. Il voulut bien aussi me dire son regret de voir son armée se dissiper en partie et de rester sur la terre d'exil, lui qui aurait tant désiré consacrer son épée à la gloire de la France. Je lui fis mes adieux le 3 octobre, puis je gagnai Strasbourg et Paris où je ne fus pas inquiété, grâce aux pièces dont je m'étais muni, ainsi que deux de mes amis qui m'accompagnaient.

Notre étonnement fut grand en voyant les changements qui s'étaient opérés en France depuis sept ans : le langage, les coutumes, l'habillement, tout s'était modifié complètement et nous en fûmes péniblement impressionnés. Nous avions quitté la France dans un moment d'effervescence populaire, nous la retrouvions plus calme, avec des passions moins surexcitées, mais terriblement encanaillée. C'était encore la mode de se donner du *tu* et du *citoyen*, et je ne pouvais m'y habituer.

Après quelques jours de repos, je me mis en route pour Moréville, où j'arrivai le 30 décembre 1797. Mon frère aîné, sa femme et ses enfants s'y trouvaient réunis, et après tant d'inquiétudes et de misères cette bonne vie de famille me fit vite oublier les mauvais jours.

Jean s'était guéri de ses deux blessures et avait pris tant de force que j'avais peine à le reconnaître ; il est vrai que quand il m'avait quitté le lendemain d'Ober-Kamlach il n'avait que 19 ans et venait de faire campagne pendant cinq ans. Un autre tempérament que le sien n'aurait pas résisté à de pareilles épreuves.

Beaucoup de nos voisins avaient disparu pendant la tourmente et leurs propriétés appartenaient à des gens qui les avaient acquises nationalement ; ceux-là, malgré leurs avances, devaient rester pour nous des étrangers. Mais dans le Perche, il y avait encore des amis qui venaient quelquefois à Châteaudun où j'habitais pendant l'hiver, et j'avais plaisir à les revoir, à parler avec eux de ce qu'ils avaient souffert. L'un d'entre eux, M. de C., paraissait nous fuir malgré nos anciennes relations ; j'eus bientôt l'explication de sa singulière attitude. Un jour que je me promenais avec Jean près de Saint-Valérien, nous nous trouvâmes nez à nez avec lui et il ne put nous éviter. Après quelques paroles banales, il allait nous quitter, quand Jean lui dit, à mon grand étonnement : « M. de C., vous faites mieux de me trouver aujourd'hui qu'il y a cinq ans dans telle maison. » Et, comme l'autre faisait l'étonné, il ajouta : « Vous savez bien cependant que je vous ai vu et reconnu ; si vous m'aviez découvert, c'est vous d'abord qui auriez eu la tête cassée. »

M. de C. s'excusa sur ce qu'il avait été obligé de se mettre dans la garde nationale pour sauver sa tête, mais que c'était bien contre son gré. Quand il fut parti, Jean me donna la clef de l'histoire. En 1793, se trouvant à bout de ressources, et désireux de savoir ce que devenaient ses parents, il commit l'incroyable imprudence de rentrer en France. Son jeune âge le sauva, car en le voyant on ne pouvait se douter qu'on avait affaire à un soldat émigré. Il arriva donc sans trop de difficulté jusque dans le Perche. Il se trouvait un soir dans une maison amie, quand, pendant le dîner, une patrouille cerna la maison et réclama l'émigré qui devait s'y trouver. La fuite était impossible, aussi Jean ne vit d'autre chose à faire que de se placer derrière les rideaux d'un lit, ses pistolets à la main et un poignard dans les dents. Bientôt les sans-culottes entrèrent dans la chambre, fouillèrent partout et ne trouvèrent rien, car ils n'eurent pas l'idée de soulever les rideaux.

Quand ils étaient entrés, Jean avait de suite reconnu, sous l'habit de garde national, notre voisin M. de C. et s'était bien promis de le faire payer pour tous, s'il était découvert.

Quelque temps après, M. de C. apprit le danger qu'il avait couru, et comme Jean lui inspirait une vraie terreur, il faisait son possible pour ne pas le rencontrer quand il fut revenu de l'émigration. Chaque jour, du reste, il arrivait des aventures semblables avec nos anciens persécuteurs qui commençaient à ne plus être aussi à leur aise, car alors il y eut de terribles vengeances ; une seule chose m'étonne, c'est qu'il n'y en ait pas eu davantage.

Je ne relaterai pas notre existence pendant la fin de la République et l'Empire, car elle fut sans intérêt.

Julien revint de Russie au mois de mai 1800 avec la croix de Saint-Louis ; il avait quitté le régiment noble à cheval du duc de Berry à Steyr le 8 mars précédent et peu de temps avant le licenciement définitif de l'armée de Condé, alors au service de la Russie.

CHAPITRE XVIII

1814-1815

Pendant les triomphes de Napoléon, nous n'avions pas à servir la cause de cet usurpateur, mais quand il eut lassé la fortune et épuisé la France, quand nos revers en Espagne et en Allemagne eurent amené les alliés sur nos frontières, il fallut bien reprendre le mousquet. Je demandai donc un emploi pendant la suspension d'armes motivée par les conférences de Prague et je fus nommé, le 29 juin 1813, adjudant-major dans la légion d'Eure-et-Loir.

A ce moment, la France entière était lasse de la guerre et les réfractaires étaient très nombreux ; c'est avec peine que la gendarmerie put faire partir les classes 1813, 1814 et 1815 qui venaient d'être appelées. Les hauts fonctionnaires eux-mêmes, si zélés pendant la toute-puissance de l'Empereur, étaient découragés et n'exécutaient plus les ordres du gouvernement ; ces anciens jacobins prévoyaient la chute de leur maître et se préparaient à acclamer les Bourbons afin de garder leurs places. Je ne pouvais m'empêcher de comparer la conduite de ces gens qui nous avaient tant reproché l'émigration, à celle des royalistes toujours fidèles à leurs idées et les premiers à combattre pour sauver la France.

Bientôt les parents de Napoléon et ses généraux l'abandonnèrent à leur tour, quand tout espoir fut perdu, et on vit Moreau, Murat, Bernadotte, Marmont, etc., ces vieux révolutionnaires, ces vieux généraux de la Révolution, trahir leur bienfaiteur ou se mettre à la tête de nos ennemis.

La peur retenait seule les autres, car, dès qu'ils n'eurent plus rien à craindre ils arborèrent avec enthousiasme la cocarde blanche. Ceux qui se condamnèrent à la retraite furent bien rares.

Les classes appelées n'étant composées que d'enfants incapables de supporter les fatigues de la guerre, l'Empereur eut recours aux classes antérieures à 1813 ; mais cette mesure souleva de tels mécontentements que, dans beaucoup de contrées, on ne put l'appliquer. Ce n'était pas tout encore que d'avoir des hommes, il fallait aussi les armer, les habiller et les payer ; or, il n'y avait plus de fusils, plus d'argent et les magasins étaient vides. Nous passions donc notre temps à réclamer ce qui nous était nécessaire et à exercer nos Marie-Louise, ainsi qu'on appelait les nouvelles recrues, avec des bâtons ou des fusils hors de service. Quand ils étaient un peu dégrossis, on les envoyait à l'armée avec une sorte de bonnet de police et un bissac pour tout uniforme. C'est dans de pareilles occupations que je passai mon temps jusqu'au mois de mars 1814 ; le 30, l'ordre nous arriva enfin de nous diriger sur Paris, mais le jour même le mouvement était décommandé ; Paris était rendu.... et la France respirait bientôt, après 23 ans de sanglante oppression. Ce fut une ivresse générale et pour nous, anciens émigrés, s'il était cruel de voir ce que la Révolution avait fait de la France, nous avions la douce espérance d'assister à son relèvement sous le sceptre du Roi légitime.

Nos amis les ennemis, comme on disait alors, avaient atteint leur but et mis fin aux folles entreprises de Napoléon ; la nation avait payé cher ses fautes, mais si la leçon était rude, elle était bien méritée. Il ne restait plus qu'à réparer le mal, et nous étions certains que Louis XVIII s'acquitterait de ce labeur mieux que personne.

Je revins à Moréville le 12 avril, le jour même où M⁸ʳ le comte d'Artois faisait son entrée à Paris.

Nos vœux étaient comblés, et bientôt l'auguste famille royale rentrait aux Tuileries, où le drapeau blanc était arboré aux acclamations du peuple, le 3 mai 1814.

Au commencement de juin 1814, je fus fort surpris de recevoir une lettre du général comte de Nansouty, me demandant de venir à Paris où Monseigneur le duc d'Angoulême désirait me voir. Il me disait aussi que le Roi l'avait nommé capitaine-lieutenant de la 1re compagnie des mousquetaires, qui allait être reformée conformément à l'ordonnance suivante :

« Château des Tuileries, 15 juin 1814.

« Le trône devant être environné de tout l'éclat qui lui appartient, et le Roi trouvant les moyens de récompenser d'utiles services en rétablissant la Maison militaire telle qu'elle existait autrefois, sauf les changements que comporte la différence des temps, S. M. s'est fait représenter les anciennes ordonnances et particulièrement celle du 15 décembre 1775 qui a supprimé les compagnies de mousquetaires de la Garde, et elle a ordonné et ordonne ce qui suit :

« Art. 1er. — Les deux compagnies de mousquetaires sont rétablies sous la dénomination de 1re et 2e compagnies.

« Chacune de ces compagnies formera deux escadrons, divisés chacun en deux brigades et elle sera composée de S. M., d'un capitaine-lieutenant, d'un aide-major, deux sous-aides-majors, un porte-étendard, un porte-drapeau, un fourrier, un trésorier, un aumônier, un chirurgien-major, huit trompettes, un inspecteur aux revues, un commandant d'escadron, quatre lieutenants, huit sous-lieutenants, huit maréchaux des logis, seize brigadiers et 200 mousquetaires par compagnie.

« Dans chaque compagnie il y aura 200 mousquetaires surnuméraires sans solde, qui feront le service concurremment avec les mousquetaires en pied et deviendront successivement titulaires à raison de leur ancienneté et alors ils entreront en solde. »

L'article 2 concernait les appointements.

Le comte de Nansouty n'ayant jamais servi aux mousquetaires, désirait avoir des renseignements sur nos habitudes au temps jadis et me demandait d'aller le voir quand je serais à Paris.

Je me mis immédiatement en route et, dès le lendemain de mon arrivée, j'obtins une audience de Monseigneur le duc d'Angoulême, auquel j'avais eu l'honneur de faire plusieurs fois ma cour à l'armée de Condé.

Il me reçut de la façon la plus bienveillante, me parla de nos misères sur la terre d'exil et voulut bien m'exprimer sa surprise de ce que ni mon frère ni moi n'avions paru aux Tuileries depuis sa rentrée à Paris. Il me demanda aussi quelle faveur nous sollicitions, se chargeant, disait-il, de faire valoir nos services. Je lui répondis que le retour de la famille royale était notre meilleure récompense et que nous n'avions rien à obtenir de plus ; que, du reste, nous étions décorés de la croix de Saint-Louis et que nous ne souhaitions qu'une chose, la régularisation de nos brevets, ce qu'il me promit.

Après cela, il me parla de la réorganisation des Mousquetaires et du désir du Roi de voir un des rares survivants des anciennes compagnies contribuer à leur formation. — Je me mis immédiatement à ses ordres et il m'envoya chez M. de Nansouty, avec qui je commençai de suite le travail pour examiner les postulants [1]. Au bout de quelques jours, les demandes d'admission affluèrent de tous côtés et il n'y eut que l'embarras du choix des sujets ; pour éviter des froissements, on commença par rejeter tous ceux qui n'avaient pas 5 pieds 5 pouces, puis on classa les autres par ordre de mérite. Au mois de septembre, la 1re compagnie fut organisée complètement, et ce jour fut célébré par un banquet auquel assistèrent les survivants de 1775 ; comme ils n'étaient pas nombreux, je peux en donner les noms : c'étaient MM. de Lorière père, le baron de Villers, de Maranzac, de Chasseval, de Saint-Laurent, de Baleure, de Saint-Cyran, des Plas, de Vertou, de Palaiseau, le chevalier de la Crosnière, de Lestang, mes deux frères et moi ; au total quinze. Les autres étaient morts en émigration ou sur l'échafaud. J'avais donc raison de dire que sa fidélité avait coûté à la noblesse le plus pur de son sang.

A peine les mousquetaires furent-ils formés que la jalousie commença à s'exercer contre eux. On nous reprochait non seulement la richesse de nos uniformes, les petites faveurs dont nous jouis-

---

1. Il y eut 356 demandes d'admission à la 1re compagnie.

sions, mais encore on trouvait mauvais que nous eussions des pa-
lefreniers pour panser nos chevaux et entretenir nos fourniments.
Comme s'il était nécessaire d'avoir été palefrenier pour faire un
bon officier !.....

Après tout, si nos uniformes étaient aussi riches que galants, il
ne faut pas oublier qu'ils étaient payés de nos propres deniers,
tandis que ceux de la garde de Napoléon, au moins aussi beaux,
l'étaient par l'État. Voici du reste, à titre de curiosité, ce que coû-
tait l'équipement d'un mousquetaire gris.

Habit de grand uniforme	322ᶠ 85
Petit uniforme	178 50
Habit de manège	111 »
Passants brodés	3 »
Soubreveste	232 70
Manteau	226 65
Pantalon de casimir blanc	48 »
Pantalon de drap gris	45 »
Pantalon de peau	45 »
Gants	5 »
Chapeau à plumes noires	59 »
Chapeau de manège	24 »
Casque	180 »
Aigrette	40 »
Épaulettes, aiguillettes, dragone	175 »
Épée	50 »
Ceinturon en or et plaque	88 »
Ceinturon en buffle	13 »
Fourreau de sabre	5 »
Giberne, porte-giberne et étui	168 »
Deux paires de bottes	96 »
Éperons	9 »
Portemanteau	42 90
Mors de bride	16 »

Cocardes, rubans, toupets	17ᶠ »
Selle et équipage.	553 50
Couverture de selle.	72 »
Licol de parade	7 »
Cheval	1,000 »

En somme, on nous en voulait seulement d'être nobles, car en France tous ceux qui ne le sont pas voudraient l'être, à commencer par les plus enragés égalitaires; ne vit-on pas, par exemple, les Conventionnels se précipiter sur les titres dès qu'on leur en offrit, et cependant ils avaient voté leur suppression! Le type de ces palinodistes était ce scélérat de Fouché qui, si cela avait dépendu de moi, aurait payé ses crimes comme un vulgaire assassin, au lieu de conserver sa place aux conseils du Roi. Les critiques dont on nous accablait étaient d'autant plus injustes que les mousquetaires étaient une école militaire d'où l'on sortait dans la ligne avec son grade, tandis que Napoléon, un enfant de la Révolution cependant, nommait d'emblée et qui il voulait dans sa garde, d'où l'on passait avec le grade supérieur dans la ligne. — Il en résultait que les vieux soldats étaient sacrifiés aux caracoleurs de la nouvelle cour, à ces papillons qu'attire toujours l'astre nouveau, et qui disparaissent lorsqu'il décline à l'horizon.

La pépinière des mousquetaires n'était pas, du reste, si mauvaise, car ils ont fourni huit maréchaux de France, les maréchaux d'Armentières, de Noailles, de Fitz-James, de Mouchy, de Duras, de Contades, de Soubise et d'Harcourt.

Ainsi qu'il fallait s'y attendre, ces provocations continuelles amenèrent des duels nombreux où nos adversaires eurent généralement le dessous, car nos jeunes mousquetaires étaient, comme leurs aînés, très friands de la lame et capables de faire honneur à leur uniforme. Les gardes du corps étaient encore plus attaqués que nous, je ne sais pourquoi, et il ne se passait guère de jour où ils n'eussent quelque affaire avec les demi-soldiers. Ceux-ci regrettaient l'Empereur et on ne pourrait leur en avoir mauvais gré, mais ils étaient inexcusables quand ils reprochaient au Roi de ne pas faire autant pour eux que pour nous, eux qui l'avaient toujours combattu, alors que pendant 25 ans nous avions souffert pour la cause des Lys.

Les esprits étaient tellement montés qu'à plusieurs reprises des détachements armés de gardes du corps, rencontrant des détachements de la ligne, furent insultés, menacés et obligés de croiser la bayonnette : il en fallut de peu que le sang ne coulât. Si la garde de l'Empereur avait été traitée de cette façon par les autres troupes, je me demande ce qu'auraient dit ceux-là même qui donnaient alors l'exemple du désordre. Les gardes du corps firent heureusement preuve du plus grand sang-froid, et se contentèrent de régler individuellement leurs affaires, en attendant que le ministre de la guerre prît des mesures sévères pour faire cesser un pareil état des choses. — Après avoir distribué un nombre incalculable de coups d'épée, les gardes du corps furent laissés tranquilles ; on n'osait plus se frotter à eux. A ce propos, il est curieux de remarquer que les officiers de l'Empire n'étaient pas, en général, fort adroits ; sauf quelques bretteurs de profession, qui finirent même par trouver leurs maîtres, ils étaient presque toujours victimes de leurs provocations. — Pour mon compte, je fus témoin d'une de ces rencontres dont l'issue fut malheureuse. — Un régiment de houzards ayant voulu, sur la place de l'Hôtel-de-Ville, prendre le pas sur les gardes du corps, il s'ensuivit une mêlée où de nombreuses provocations furent échangées. — Le lendemain, d'un maître coup de sabre, mon ami ouvrit la gorge de son adversaire, qui tomba raide mort ; c'était un officier réputé pour sa mauvaise tête et ses duels.

Ce coup de sabre est le plus extraordinaire que j'aie vu de ma vie, car il coupait horizontalement la gorge jusqu'aux vertèbres. Le même jour un autre garde du corps cloua son adversaire comme un papillon sur la boiserie du manège où avait lieu le duel ; le plus singulier c'est que le blessé qui avait été traversé de part en part, courait les champs un mois après. Ces deux affaires rendirent

MM. les houzards très circonspects. — Après le banquet dont j'ai
parlé, les quinze vieux mousquetaires se dispersèrent, car M. le
comte de Nansouty nous trouvait incapables de faire un service
très actif ; j'aurais cependant désiré consacrer mes derniers jours
au service du Roi, mais à soixante ans, le cœur n'est plus servi
par les jambes. — Ne pouvant rendre aucun service, je me prépa-
rai à partir, mais auparavant je demandai une audience au Roi ;
elle me fut accordée le 1ᵉʳ septembre. Je me souviendrai éternelle-
ment de la bonté que S. M. me témoigna en cette circonstance ;
Elle savait que tous ceux de ma famille en âge de porter les armes
avaient tout sacrifié pour la cause royale, et sans que nous le demandions, le Roi nous accorda plus de faveurs que nous n'aurions
osé l'espérer.

Pour mon compte, je reçus le brevet de colonel à dater du 3 septembre 1814, la régularisation par la chancellerie de ma croix de
Saint-Louis et la décoration du Lys. Enfin, sur ma demande, mon
neveu Frédéric fut admis aux mousquetaires et je restai quelque
temps à Paris pour le présenter à ses chefs.

Lorsqu'il n'eut plus besoin de moi, je revins à Châteaudun où
je passai mon hiver. C'est là que je connus le maréchal Ney qui
habitait sa terre des Coudreaux qu'il avait achetée en 1808 à
M. de Flers. Pendant l'Empire, bien que Moréville fût très rap-
proché des Coudreaux, nos relations avaient été froides, mais depuis qu'il avait embrassé chaudement les principes de la légitimité,
j'éprouvais un vrai plaisir à fréquenter cet héroïque soldat, que le
duc d'Angoulême vint voir au mois d'août. Je ne pensais guère
alors qu'il allait bientôt oublier ses serments et tomber misérable-
ment sous les balles d'un peloton d'exécution.

Il était cependant devenu sincèrement royaliste et je ne peux
m'expliquer comment il trahit ses engagements et apporta au tyran
le prestige de son nom, car je l'ai entendu déclarer maintes fois
que Napoléon était le fléau de la France.

Le maréchal Ney était un grand cœur, mais un caractère très
faible et je suis convaincu qu'il s'est laissé entraîner sans trop

réfléchir aux conséquences de sa conduite. Je ne suis pas de ceux qui approuvèrent sa mort, mais je dois reconnaître que, vu l'état des esprits au second retour du Roi, un exemple était nécessaire pour mettre fin aux menées et aux provocations des bonapartistes qui ne trouvaient sans doute pas suffisant d'avoir attiré deux fois le fléau de l'invasion.

Lorsque la nouvelle du débarquement du golfe Juan arriva à Paris, le maréchal Ney reçut l'ordre de rejoindre son gouvernement de Besançon ; j'allai lui faire mes adieux et lui demander des instructions, il me répondit textuellement :

« Ne vous inquiétez pas, car c'est une simple échauffourée, et quatre gendarmes suffiront pour arrêter ce Bonaparte dont la France ne veut plus. »

Quelques instants après il quittait les Coudreaux par la porte dite d'Espagne qui avait vu passer tant de fourgons chargés de butin. Les généraux de la Révolution et de l'Empire s'enrichissaient facilement des dépouilles des vaincus...

J'avais encore une vive sympathie pour un de nos voisins, le colonel de Bergeret, qui habitait le château de la Varenne. Pendant son séjour aux Coudreaux, le duc d'Angoulême avait signé à son contrat pour lui témoigner l'estime qu'il avait de son caractère chevaleresque, et il le méritait. Il avait fait toutes les guerres de l'Empire et avait échappé aux neiges de Russie. Ses récits militaires étaient extrêmement intéressants et instructifs ; il est regrettable qu'il ne les ait pas écrits. Grand admirateur du maréchal Ney, sous les ordres duquel il avait longtemps servi, il ne pardonna guère sa mort au gouvernement de la Restauration auquel il était cependant attaché. Il comparait volontiers la conduite du maréchal à celle du général de Bourmont qui, bien que général vendéen, avait aussi trahi ses serments au Roi, puis, la veille de Waterloo, avait abandonné son drapeau lorsqu'il vit que la défaite était certaine. « Pour celui-là, disait le colonel, il eût été de toute justice de le faire fusiller au lieu de le combler d'honneurs », et c'était aussi mon avis. Il y a des gens qui tournent avec le vent et trouvent toujours le moyen de satisfaire leur ambition, mais si leur conscience ne leur reproche rien, l'estime des honnêtes gens leur est refusée.

La France renaissait et commençait à oublier ses malheurs quand au mois de mars 1815, la nouvelle du débarquement de Bonaparte nous frappa comme un coup de foudre, mais, ainsi que je l'ai dit, le maréchal Ney me rassura. Abhorré de la partie sensée de la nation, à cause de son despotisme, Napoléon n'avait pour lui que les officiers de fortune et ses vieux soldats qui, habitués à la vie des camps, ne pouvaient se résoudre à une existence tranquille. Les chefs de l'armée, largement pourvus d'honneurs et de richesses, ne demandaient qu'à en jouir paisiblement; quant aux jeunes soldats, n'ayant que des coups à recevoir, la guerre les épouvantait.

Pour s'attirer des partisans et réchauffer l'esprit du peuple, Bonaparte excita les haines populaires, les vieilles passions jacobines et obtint le résultat qu'il désirait. On sait le reste.

Le 19 mars on afficha la proclamation suivante :

« Officiers et soldats. J'ai répondu de votre fidélité à toute la France ; vous ne démentirez pas la parole de votre Roi. Songez que si l'ennemi pouvait triompher, la guerre civile serait aussitôt parmi nous, et qu'à l'instant même plus de 300,000 étrangers, dont je ne pourrais plus maîtriser les bras, fondraient de tous les côtés sur notre patrie. Vaincre ou mourir pour elle, que ce soit là notre cri de guerre. Et vous, qui suivez en ce moment d'autres drapeaux que les miens, je ne vois en vous que des enfants égarés ; abjurez donc votre erreur et venez vous jeter dans les bras de votre père, et, j'y engage ici ma foi, tout sera sur-le-champ mis en oubli. Louis. »

Ce n'était pas de la mansuétude qu'il fallait, mais de l'énergie et un roi guerrier qui, se mettant à la tête de ses fidèles, aurait réuni derrière lui tous ceux qui étaient las de la tyrannie. Mais si Louis XVIII avait des qualités morales dont l'infortuné Louis XVI était privé, il était moins que lui encore pourvu des qualités physiques nécessaires dans les moments de crise. Ne pouvant monter à cheval, il ne pouvait se battre contre un soldat actif et entreprenant, et le 19 mars il dut quitter Paris laissant des ordres pour organiser partout la résistance.

Il ne s'agissait plus cette fois de combattre l'invasion mais un tyran qui sacrifiait la France à son ambition. On s'occupa donc immédiatement de former dans tous les départements des corps de volontaires qui n'eurent pas le temps d'agir efficacement, mais gênèrent considérablement les plans de Napoléon. Nommé commandant des volontaires royaux du cantonnement de Châteaudun, je m'efforçai de donner une vive impulsion à leur recrutement, mais nous étions surveillés de près et Waterloo arriva avant que nous eussions pu nous organiser.

Un mois après, l'armée commençait à traverser notre département pour se rendre derrière la Loire. Ce fut un triste spectacle et des désordres graves se produisirent ; il ne pouvait guère en être autrement.

Au retour du Roi (après les Cent-Jours), je crus devoir encore offrir mes services lorsqu'on reforma pour quelques mois les mousquetaires, mais on n'eut pas besoin de moi et je ne revins à Paris que pour assister tristement à leur banquet d'adieu lorsqu'ils furent définitivement sacrifiés à la jalousie le 1er janvier 1816. Toujours attaché à ce corps brillant où j'avais fait mes débuts quarante-quatre ans auparavant, je me séparai le cœur gros de mes jeunes camarades, dont la douleur était aussi vive que la mienne. Avant de se quitter chacun de nous fit serment de toujours porter un anneau d'or ayant gravé sur le chaton une croix semblable à celle de nos soubrevestes et notre devise : *Quo ruit et lethum.*

C'est au banquet de nos adieux que plusieurs jeunes mousquetaires nous firent distribuer ces anneaux, après avoir chanté les couplets suivants, dont chacun de nous reçut plusieurs exemplaires imprimés.

LES ADIEUX DES MOUSQUETAIRES

Supprimés le 15 décembre 1775, recréés en 1814, supprimés le 1ᵉʳ janvier 1816.

Air : *Il faut quitter ce que j'adore.*

Adieu chimères d'espérance,
Rêves de gloire et de bonheur :
Nous n'avons connu l'existence
Que pour la perdre avec douleur.
Nous ne servirons plus ensemble
Le Maître cher à notre amour,
Ce dernier moment nous rassemble
Pour nous séparer sans retour.

Avec regret, mais sans murmure,
Amis, subissons notre sort ;
La plainte serait une injure,
Soyons sans reproche et sans tort...
Nos titres sont bien éphémères
Près des lauriers de Fontenoy,
Qui n'ont pu garantir nos pères
Du chagrin de quitter leur Roi.

Héritiers de leur caractère,
Notre cœur reste satisfait ;
Tout ce que nous avons pu faire,
Notre fidélité l'a fait ;
Plus heureux si cette vaillance,
Compagne de nos anciens noms,
Avait pu montrer à la France
Comment nous servions les Bourbons !

Des noms chers à la Monarchie,
Pour instruire au moins nos neveux,
Conservons toute notre vie
La croix, la devise des Preux.
Qu'un anneau soit l'éternel gage,
De l'existence d'un moment ;
Mais qu'il transmette d'âge en âge
Notre noble et dernier serment.

« Si jamais des craintes nouvelles
Agitaient encore les Lys ;
Si jamais d'insolens rebelles
Se révoltaient contre Louis....
O France ! pour les jours d'alarmes
Compte toujours sur notre foi ;
Nous jurons de courir aux armes
Et de mourir pour notre Roi. »

PIÈCES JUSTIFICATIVES

Nous, François-Alphonse de Portalez, comte de Lachèse, Lieutenant-général des armées du Roi, Grand-Croix de l'ordre royal et militaire de Saint-Louis, Capitaine-lieutenant de la 1re compagnie des mousquetaires à cheval servant à la Garde ordinaire de la Personne de Sa Majesté,

Certifions que Monsieur le chevalier de Villebresme (Thomas-Jacques) a bien servi dans la dite compagnie en qualité de mousquetaire depuis le 22 mars 1772 jusqu'au 15 décembre de la présente année que Sa Majesté a supprimé la dite Compagnie. Certifions aussi qu'il est dans la classe de ceux auxquels il a plu à Sa Majesté d'accorder le quart de ses appointements jusqu'à son remplacement. En foi de quoi nous lui avons fait expédier le présent certificat.

A Paris, le 16 décembre 1775.

Le Comte DE LACHÈZE.

Louis, par la grâce de Dieu, etc.; ayant une entière confiance dans les talens, la valeur, la bonne conduite et dans la fidélité et l'affection à notre service du sieur de Goislard, chevalier de Villebresme (Thomas-Jacques), ancien mousquetaire, lui avons conféré et conférons le grade de colonel pour tenir rang du 3 septembre 1814, etc.

Signé : LOUIS.

Par le Roi :

MARÉCHAL DUC DE DALMATIE.

Louis, par la grâce de Dieu..., etc. A tous ceux qui ces présentes verront; **Salut**.

Étant bien aise de donner au sieur Thomas-Jacques de Goislard, chevalier de Villebresme, ancien Mousquetaire de notre garde, 1re compagnie, des marques de distinction en considération des services qu'il nous a rendus, nous avons cru que nous ne le pouvons mieux faire, d'une manière qui lui soit plus honorable, qu'en l'admettant au nombre des chevaliers de l'ordre militaire de Saint-Louis, à prendre date du premier janvier 1797.

Signé : LOUIS.

Donné à Paris, le 3 septembre 1814.

Par le Roi, Chef souverain, Grand-Maître et fondateur
de l'ordre militaire de Saint-Louis :

Le Ministre secrétaire d'État de la Guerre,
MARÉCHAL DUC DE DALMATIE.

———

D'après les ordres de S. A. R. Madame, il est permis à Monsieur le chevalier de Villebresme, ancien commandant en chef des Volontaires Royaux du cantonnement de Châteaudun pendant l'interrègne et en raison de sa fidélité et de son dévoûment envers le Roi et les principes de la légitimité, de porter la décoration du ruban lilas. Le brevet a été enregistré à la Grande Chancellerie sous le n° 42, par décision du Roi du 21 septembre 1824.

Signé : MACDONALD.

———

Nous, Charles-Ferdinand, duc de Berry, petit-fils de France, grand prieur de l'ordre de Saint-Jean-de-Jérusalem au grand prieuré de France, chef du régiment noble à cheval de notre nom au service de S. M. l'Empereur de toutes les Russies, etc.,

Certifions que M. René-Louis-Julien de Villebresme (dit de Moréville), né à Châteaudun en Dunois, ancien mousquetaire de la Garde ordinaire du Roi, a servi dans la cavalerie noble du Corps de Condé depuis sa formation ; qu'il y a fait avec honneur les campagnes de 1792 à 1799, que, depuis l'entrée du corps au service de S. M. l'Empereur de Russie, il a continué à y servir en qualité de noble à cheval dans notre régiment avec zèle et fidélité comme un digne et loyal gentilhomme.

En foi de quoi nous lui avons fait expédier le présent, auquel nous avons fait apposer le sceau de nos armes.

Fait à Steyr, le 8/19 mars 1800.

Signé : CHARLES-FERDINAND.

————

Nous, Étienne-Charles, comte de Damas-Crux, lieutenant-général des armées du Roi, commandeur de l'ordre de Saint-Louis, Premier gentilhomme de la Chambre de S. A. R. Monseigneur le duc d'Angoulême,

Certifions que M. Jean-Jacques de Goislard de Villebresme, gentilhomme de la province de Beauce, a fait les campagnes de 1792 et 1793 dans la seconde compagnie noble d'ordonnance en qualité de Maître, suivant l'attestat n° 879 signé par Monsieur le duc de Broglie, Maréchal-général de France, Gouverneur-Général de Metz et pays Messin, Verdun et pays Verdunois, Commandant en Chef pour le Roi dans les Trois-Évêchés, etc.; puis qu'il a servi en qualité de volontaire dans la cavalerie de notre légion depuis sa formation, au commencement de 1794 jusqu'au mois de septembre 1796; qu'il a eu un cheval tué sous lui à la sortie de Nimègue et qu'il a été blessé au combat d'Ober-Kamlach; qu'en tout il s'est constamment conduit comme un brave, loyal et dévoué serviteur du Roi.

En foi de quoi je lui ai délivré le présent certificat.

Au château des Tuileries, le 27 juin 1814.

LE COMTE DE DAMAS, *Lieutenant-général.*

————

TABLE DES MATIÈRES

Nancy, imprimerie Berger-Levrault et Cie.

BERGER-LEVRAULT ET Cⁱᵉ, LIBRAIRES-ÉDITEURS

PARIS, 5, rue des Beaux-Arts. — NANCY, 18, rue des Glacis.

Les Grands Cavaliers du premier Empire. Notices biographiques, par Ch. Thoumas, général de division en retraite. — 1ʳᵉ série : Lasalle, Kellermann, Montbrun, les trois Colbert, Murat. 1890. Un volume grand in-8 de 521 pages, avec 4 portraits, broché. . **7 fr. 50 c.**

— 2ᵉ série : Nansouty, Pajol, Milhaud, Curély, Fournier-Sarlovèze, Chamorin, Sainte-Croix, Exelmans, Marulaz, Franceschi-Delonne. 1892. Un volume grand in-8º de 537 pages, avec 8 portraits, broché. . . . . **7 fr. 50 c.**

Souvenirs et Campagnes d'un vieux soldat du premier Empire (1803-1814), par le commandant Parquin. Avec une introduction par le capitaine A. Aubier. 1892. Un vol. in-8 de 430 pages, avec un portrait, broché . . . . **6 fr.**
Tirage de 30 exemplaires sur papier de Hollande, numérotés à la presse. . . . . **15 fr.**

Le Général Curély. Itinéraire d'un cavalier léger de la Grande-Armée (1793-1815). Publié d'après un manuscrit authentique, par Ch. Thoumas, général de division en retraite. 1887. Un volume in-12 de 418 pages, avec portrait et fac-similé. . . . . **3 fr. 50 c.**
Quelques exemplaires sur hollande . . . . **7 fr.**

Lasalle. D'Essling à Wagram. Correspondance recueillie, et publiée avec notes biographiques par A. Robinet de Cléry. 1892. Beau volume in-8, avec 13 gravures, une carte et un tableau généalogique, broché . . . . **5 fr.**

Le Général Auguste Colbert (1793-1809). Traditions, souvenirs et documents touchant sa vie et son temps. Recueillis par son fils, le marquis de Colbert-Chabanais. 2ᵉ édition. 1882. 3 volumes in-12, brochés. . . . . **12 fr.**

Souvenirs militaires (1805-1848), par A. Thirion, de Metz. 1892. Vol. in-12, broché. **4 fr.**

Souvenirs militaires d'un officier du premier Empire (1795-1832), par J. N. A. Noël, chevalier de l'Empire, colonel d'artillerie. 1896. Un volume grand in-8, avec un portrait, une gravure et 7 cartes ou plans, broché . . . . **6 fr.**

L'Espionnage militaire sous Napoléon Iᵉʳ. Ch. Schulmeister, par Paul Muller. 1896. Un volume in-12, broché . . . . **3 fr.**

Trois Colonels de hussards au XVIIIᵉ siècle : Le marquis de Conflans, le comte d'Esterhazy, le duc de Lauzun, par le capitaine Henri Choppin. 1896. Broch. gr. in-8. . **4 fr.**

Deux Officiers français au XVIIIᵉ siècle. Mémoires et correspondance du chevalier et du général de la Farelle, publiés par E. Lennel de la Farelle. 1896. Beau volume grand in-8 de 459 pages, sur papier de Hollande, avec portraits en couleurs, broché. . . **7 fr. 50 c.**

Grands Artilleurs. Drouot, Senarmont, Éblé, par Maurice Girod de l'Ain, capitaine d'artillerie. 1894. Beau volume in-8 de 465 pages, avec 4 portraits, broché . . . . . **8 fr.**

(Couronné par l'Académie française.)

Gribeauval, lieutenant-général des armées du Roy, premier inspecteur général du corps royal de l'artill. (1715-1789), par le lieut.-col. Hennebert. 1896. Un vol. in-8. . **2 fr. 50 c.**

Les Transformations de l'armée française. Essai d'histoire et de critique sur l'état militaire de la France, par Ch. Thoumas, général de division en retraite. 1887. 2 volumes grand in-8, brochés. . . . . **18 fr.**

Trente ans de la vie militaire, par le capitaine H. Choppin. 1891. Volume in-12, avec illustrations par E. Grammont, broché . . . . **3 fr.**

Souvenirs de la guerre de Crimée (1854-1856), par le général Fay, ancien aide de camp du maréchal Bosquet. 2ᵉ édition. 1889. (Mention honorable de l'Académie française, concours Therouanne 1890.) Volume in-8, avec 1 planche et 3 cartes, broché. . . . . **6 fr.**

Lettres du Maréchal Bosquet (1830-1858). 1894. Volume in-8 de 408 pages, avec portrait en héliogravure, broché . . . . **5 fr.**

Lettres d'un zouave. De Constantine à Sébastopol, par Amédée Delorme. 1896. Un volume in-12, broché sous couverture illustrée . . . . **3 fr. 50 c.**

— *(La troisième série est sous presse).*

Mes Campagnes, par une femme (C. Vray). *Autour de Madagascar.* 1897. Un volume in-12, broché sous couverture illustrée en couleurs . . . . **3 fr. 50 c.**

Journal d'un officier de l'armée du Rhin, par le général Fay. 5ᵉ édition, revue et augmentée. 1889. Un volume in-8 de 410 pages, avec une carte, broché . . . . . . **5 fr.**

L'Empereur Guillaume, par Louis Schneider. Souvenirs intimes, revus et annotés par l'Empereur sur le manuscrit original. Traduit de l'allemand, par Ch. Rabany. 1888. 3 beaux volumes grand in-8, avec fac-similé, brochés. . . . . **24 fr.**

La plus grande partie de l'ouvrage est consacrée aux campagnes de 1866 et de 1870-1871.